# Rafael Rivera Rosa

CHRISTIAN
EDITING
Primicia Digital

# Én memoria de Ti

## LA COMUNIÓN ENTRE LOS CREYENTES Y CON EL SEÑOR

**En memoria de ti**
© 2018 Rafael Rivera Rosa. Reservados todos los derechos.

Publicado por:
**Christian Editing Publishing House**
Miami, Florida
*ChristianEditing.com*

Cubierta y diseño interior: Jannio Monge

Todas las referencias bíblicas fueron tomadas de la Biblia Nueva Versión Internacional (NVI), a menos que se indique otra fuente.

*ISBN 978-1-938310-89-8*

Categorías: Vida cristiana. Crecimiento espiritual.

# Dedicatoria

D oy honor y dedicatoria de mis reflexiones, ideas, pensamientos y experiencias formativas del curso sin nudos de mi jornada pastoral, a todos aquellos que fueron una fuerza colectiva en mi gesta ministerial. Piedras vivas de mis recuerdos, con las que aún caminamos, aunque ausentes y en silencio, abrazados.

A todos los que aún cerca nos encontramos y a tantos que, incluso ausentes, les atesoro en mi alma y pensamientos.

A mis tres buenos hijos: Rafael Javier, Ramiro y Reuel, a quienes sacrifiqué en la cruz de mi pastoral, privándole de mucho para darme por entero a personas que hoy son solo recuerdos.

A mis tres incomparables nietas: Melanie, Pierangelie y Amelia, y a un extraordinario nieto: Javier Andrés. Gracias, mis perlas, frutos del amor y mi esperanza, hoy honor de mi familia y mi patria.

A mi esposa Dorcas, compañera consistente y sin reproches. Guarda de mi espalda, quien siempre a mi lado resistió fielmente con paciencia mis altas, mis bajas, luchas, aventuras y sufrimientos. Dorcas asumió, quizás estoicamente, un precio inmerecido, fruto de una pastoral de retos y estrecheces. Como buena heroína de la fe, supo resistir en silencio a lo largo de cuatro décadas de inciertos y desiertos el crudo dolor de mi cruz pastoral, marcada con una mezcla de recuerdos agrios y dulces.

A las comunidades de fe evangélica, que me dieron la confianza y el honor de ser su pastor, guía y voz del pensamiento reformador de Jesús el Cristo, para liberar el intelecto y la conciencia del hombre perdido en la miseria de su ignorancia, víctima de la perversidad de un mundo deshumanizante. Iglesias a las que les consagré mi corazón sincero. Huertos de fe y esperanza donde sembré, sin intereses personales, la semilla del amor que reconcilia voluntades a través del grano de trigo que cayó en tierra para morir, dando la vida por vida para dar vida, el hombre de la cruz... ¡Jesús!

Invertí, sin egoísmos ni reproches, la totalidad de la vitalidad de mis años más fuertes, plasmando en servicio desprendido mi gratitud y esperanza para bien de muchos, sepultando mi amor propio para cultivar la flor de la fe en pétalos de esperanza en el Resucitado, trasformando los rostros mustios y caídos de los que han perdido el norte esperanzador de su existencia.

Sí, a toda una invisible nube de testigos que hoy pintan el lienzo de mis memorias, mi presente y pensamientos; a todos ellos les dedico este mi humilde libro.

Caminos de ayer, pasado de mis luchas, mis lágrimas e inciertos. Pero también son huellas refrescantes en la arena candente de mis desiertos y soledades, que me hacen entender que aún cosechamos rosas de pétalos eternos en la diáspora de nuestra existencia para caminar hacia nuevos horizontes de los que sueñan despiertos, subiendo hacia otras cumbres de altura humana.

Finalmente, dedicó con humildad este libro a toda la pastoral de buenos y excelentes compañeros del crudo surco del ministerio sin máculas o manchas de competencias, sin élites, acechos y cohechos. A todos los que coexistimos en el camino común de la vocación en pro de la santidad de la vida y la dignidad humana. Ellos vieron en mí, y vi en ellos, la esencia coyuntural del llamado al servicio. Transitamos unidos el camino común del dolor y el sufrimiento por los caídos y oprimidos sin estima. A todos les debo mi respeto, mi gratitud y conocimiento. Son fragua de mi crecimiento humano. A ustedes, pastores, les dedico mi libro sencillo y les invito a leerlo para conocer "un "poquito" de lo que llevo por dentro como ingredientes de mis pensamientos y filosofía de vida.

Pero dentro del círculo excelente de nuestra pastoral resalta el nombre vestido de nobleza y virtudes del pastor Andrés González y su idónea esposa Silvia. Fueron ellos el móvil motivador que me abrazó al desafío de comenzar este proyecto escritural.

Además, como deuda del presente de mi historia, del fondo de mi memoria emergen detalles inéditos impulsados por la gratitud y admiración hacia un gran hermano del camino común en Cristo, quien debo mencionar y dar honor, el Dr. Samuel Pagán. Fue Samuel quien me lanzo el desafío de salir del marco estrechó y cómodo de mi isla caribeña para orientar mi vocación hacia una nueva dinámica pastoral. En 1977, prácticamente comenzando mi jornada pastoral, en mi humilde hogar, Sammy me dijo: "Rafo, ¿te gustaría ejercer una pastoral fuera de la isla?" Sin ponderar las implicaciones para mi joven familia como en lo personal, le respondí: "Lo consideraría". Desde ahí hasta este presente mi corazón, en alas del pensamiento, comenzó a anhelar otros horizontes. Dos años después me encontraba en Brooklyn, New York, con mi esposa y nuestros tres hijos. Fue Samuel el ente provocador de un cambio radical en mi jornada del ministerio pastoral. Por esto y mucho más doy honor y reconocimiento a sus altas funciones pastorales, académicas y docentes por medio de su literatura depurada e integradora. Por lo tanto, a ti Sammy, dedico este sencillo libro.

*En memoria de ti* lo dedico en consecuencia a todos los que leen y piensan para retar a otros a pensar, dejando atrás la zona estéril de la desidia del pensamiento. Leerlo es leerme por dentro. Criticarlo es pensar para crecer.

Mis sinceras gracias a todos.

# Prefacio

Le doy la más grata y cordial de las bienvenidas al nuevo libro del Rvdo. Rafael Rivera Rosa, *En memoria de ti*. Se trata de una obra muy seria que pone claramente de manifiesto su experiencia ministerial, y también revela su capacidad administrativa, su seriedad teológica y su compromiso académico.

En efecto, es un libro para disfrutar, reflexionar y reaccionar con sabiduría y valor ante los grandes desafíos que la sociedad contemporánea le presenta a la iglesia cristiana y a los creyentes.

De singular importancia al leer esta obra del pastor Rivera Rosa, es descubrir sus motivaciones, y analizar con sobriedad su objetivo ministerial. Luego de leer alguna buena literatura teológica contemporánea y de revisar de forma crítica sus vivencias como pastor de congregaciones evangélicas en Puerto Rico y en los Estados Unidos, este ministro del Evangelio ha decidido hacer un paréntesis ministerial para reflexionar sobre la fe, y sobre la importancia de esa fe en la sociedad actual. Y ese análisis lo ha llevado no solo a hacer una serie de preguntas sobre la naturaleza misma de la religión y de la experiencia religiosa, y sobre su vida espiritual, sino que lo ha movido a exponer algunas de esas preguntas y explorar varias respuestas con sus implicaciones teológicas y pastorales.

Para nuestro autor, este libro presenta una serie de preguntas sensatas y complejas, que son como "gritos del alma", como muy bien él indica, que solo Dios tiene la capacidad de escuchar, entender y responder. Y la respuesta divina a esos singulares gritos y clamores profundos tienen el poder y manifiestan la virtud de llenar los vacíos del alma humana y responder efectivamente a las más profundas soledades de los individuos y las sociedades.

La visión del pastor Rivera Rosa es mover y liberar voluntades exhaustas, caídas en la fría cementera del valle de los sueños muertos y las ilusiones desvanecidas. Lo que intenta nuestro autor, en efecto, es responder a los clamores más profundos del alma humana, donde nacen los dolores intensos y agudos, y se viven las soledades angustiosas más desesperantes. Por esa razón, esta obra es profundamente pastoral, que escucha el clamor del pueblo y responde a esos gritos del alma con sabiduría, autoridad y amor.

Para lograr ese objetivo nuestro autor utiliza, no solo la mejor de las exégesis, literatura bíblica y los más profundos estudios teológicos y ministeriales, sino pone de manifiesto su sensibilidad poética, tanto en los himnos que utiliza, expone, analiza y explica, como en los poemas, que no solo añaden belleza literaria a sus escritos, sino que le imprimen un sentido grato de pertinencia e incorporan las vivencias del pueblo y las voces de la comunidad.

Esta singular obra del buen amigo y hermano Rivera Rosa es importante para pastores y pastoras que deseen llevar mensajes frescos a sus congregaciones; es pertinente para personas laicas que se interesan en profundizar en su fe; y es requerida en centros de educación teológica que deseen estudiar con profundidad y pertinencia la fe cristiana en sus manifestaciones contemporáneas.

¡Gracias pastor Rafael Rivera Rosa por regalarnos esta buena obra de fe y esperanza!

**Dr. Samuel Pagán**
Decano de Programas Hispanos
Centro de Estudios Bíblicos en Jerusalén
Jerusalén y Lakeland

# Índice

**Introducción** / 13

Capítulo I
**En memoria de Ti** / 21

Capítulo II
**¡Gracias, Cordero de Dios!** / 65

Capítulo III
**Ayúdame a confiar en Ti** / 93

Capitulo IV
**Confiaré** / 123

**Glosario** / 137

# Introducción

¿Por qué escribo este libro? ¿Qué me mueve, qué me motiva y de donde sustraigo los recursos para escribirlo? ¿Adónde intentó llegar con mis ideas, reflexiones, experiencias y conocimientos que flotan en la hondura de mis pensamientos y memorias? ¿Por qué un libro más entre miles dormidos en los anaqueles de las bibliotecas y librerías, decomisados por el olvido, o desvalorados por la alta excelencia de cualificados escritores de renombre? Bueno, asumiendo todos los riesgos y el costo de la crítica cruda de muchos quizá, intento navegar hacia mentes ávidas e inquisitivas, desafiadas por la duda y las preguntas que azotan su razón y desafían su fe. Mentes abatidas y sedientas, en búsqueda de "un algo simple" que les calme las tormentas interminables de la razón que pregunta, busca y espera por una respuesta que le alimente el alma y le alegre el espíritu más allá del intelecto.

¿Por qué escribo este libro y qué me motiva a lanzarme a esta aventura? Aún consciente de un presente nutrido de una vasta proliferación de buena y excelente producción literaria, donde reconocidos exponentes de la alta y refinada escritura poseen el mercado con su depurado dominio del arte de la escritura. Son estos, quienes con su refinada elocuencia académica y filosófica exponen los asuntos y realidades que lastiman y consternan nuestro mundo posmoderno, cautivando la atención del lector exigente e insatisfecho. ¿Por qué un libro más?

Caminar por el vasto valle de la alta competencia literaria, con "mi libro" entre tantas grandes obras de escritores reconocidos y venerados pensadores de alta erudición, es tratar de tocar la estrella más alta con el pulgar de mi mano. Es una incursión cuesta arriba hacia la cumbre, donde los temas convergen con una diversidad de enfoques recurrentes en el camino común de una materia o concepto. Es quizá repetir lo repetido, o caminar por el camino andado con ideas filosóficas y existenciales con el propósito en el alma de explicar y responder al grave dilema humano de todos sus tiempos. Es casi intentar tocar la misma nota musical olvidada con un instrumento diferente. Esto es, sin dejar de ser auténtico. ¡Alguien valorará tu estilo y leerá!

Todo espacio de existencia enmarcado en el tiempo tiene su tiempo. Una idea, un hecho, un evento, una visión rompe el cascarón de la razón y su silencio, para emerger con un propósito que nos reta a entrar al camino creativo, materializando sueños e ideales. Cuando los pensamientos brotan del fondo del ser que anhela, quedan plasmados y claustros en los límites de las páginas de un libro en espera de un lector que los libere. Es en este punto donde quedamos marcados por lo que escribimos, y nos hacemos visibles con los efectos y defectos de nuestras ideas, palabras y conceptos. Nos hacemos públicos, para bien o para mal.

La idea embrionaria nace para trazarnos el camino hacia la meta que nos inspira y mantiene despierta la razón y la visión. Por esto, la visión genera fuerzas internas que nos impulsan a seguir el camino tosco, hasta sublimar nuestros sueños y visiones en lo realizado. Entonces, ¿a dónde quiero llegar con nuestro libro?¡ Nuestro, porque es para ti y para todos! Quiero llegar al recinto de tu mente con el honor de dialogar contigo. Quiero llegar a tu alma con palabras que, como notas musicales libres de ambiciones humanas, harán danzar tu ser con la miel que destilan los cánticos que solo dan honor y honra a Jesús el Cristo; que toca a tu puerta para celebrar La Fiesta de Adentro. En su Cena de Amor Eterno, el Cordero que vive y reina, ¡Jesucristo!, alimentará tu alma.

Pues sí, consideraré mi libro; nuestro libro simple para ti. Para todos los que cruzan los límites de su razón con una fe que lee con el intelecto. Es para aquellos que han creído en el Caminante Solitario de Nazaret, cuyas almas sedientas cultivan la intimidad con el Creador, ¡Señor de la vida! Es para todos los que han encontrado en Jesús, Cordero de Dios, el camino franco y estrecho que les dirige hacia una nueva calidad de vida y humanidad santa. Son estos los que pueden convivir en amor, humildad y mansedumbre. Un pueblo nuevo, movido y sostenido por la gracia y la gratitud a Dios, que le cantan su fe, esperanza y libertad.

Lo digo así porque el alma que canta al Señor su gratitud abre puertas de luz para los que caminan hacia Dios con su alma naufragada sin esperanza.

Sí, este libro es una respuesta clara de un cantautor cantando su libertad, abrazado con el pensamiento de mis sentimientos y vivencias con Jesús, el Gran Pastor en gloria. Juntos damos curso a una aventura hacia las inéditas profundidades del ser, donde hay un alma que grita y espera el impacto tierno de la voz del Espíritu del Creador. Su impacto sublime da rumbo firme a su impredecible existencia.

Los gritos del alma solo Dios los entiende, y sabe Él cuando responder a tu clamor para llenar vacíos y soledades. Sí, es la Voz que desciende y emerge de tus profundidades desoladas y cansadas para encender la luz de la esperanza, obstinada y agresiva, dando descanso y sosiego dinámico a tu alma penitente. Es en este punto donde la voz del Gran Pastor Eterno nos invita a ir a Él, exhaustos y cansados; con la garantía divina de su descanso para nuestras almas drenadas por los sinsabores y amargos recuerdos. Es voz que te vitaliza con su dulzura refrescante, para levantarte del túnel oscuro de las depresiones y fracasos. Su voz no es un refrán cultural cotidiano, es voz presente que invita:

> *"Vengan a mí todos ustedes que están*
> *cansados y agobiados, y yo*
> *les daré descanso. Carguen con mi yugo y*
> *aprendan de mí, pues*
> *Yo soy apacible y humilde de corazón, y*
> *encontrarán descanso*
> *para su alma"* (Mateo 11:28,29).

Es aquí donde las notas musicales y el verso del pastor-cantor cursan el vacío de tu ser para anidarse en el alma penitente con el mensaje esperanzador del Buen Pastor Eterno y su regalo de amor restaurador. En este punto coyuntural del pastor-cantor, de su certeza y esperanza en el Pastor de la Vida, se unen mis pensamientos y vivencias con el Señor para invitarte a leer, pensar, oír y buscar con la avidez de tu razón desafiada por la fe un cántico de libertad y superación humana.

Eso anhelamos con nuestro libro simple. Los cánticos del pastor y sus vivencias, junto a mis reflexiones y pensamientos, te invitan a caminar hacia las orillas del arroyo dormido de tu alma cansada, para que escuches pensando las notas celestes del cántico de un pastor, sus melodías y mis pensamientos para darle un cause nuevo a tu vida. En este intento sincero exponemos la trasparencia íntegra de nuestra fe fiel al Evangelio de Jesús el Cristo; para entrar al recinto enigmático del ser cansado y agobiado de sinsabores y quebrantos. Sí, anhelar llegar a ti con una nota celestial de amor liberador y restaurador. Intentamos hacer de nuestro desafío tu reto.

Sí, es nuestra visión; mover y liberar voluntades exhaustas y caídas en la fría cementera, en el valle de los sueños muertos e ilusiones desvanecidas. Es desafiarnos a mirar al pasado del presente de nuestra fe en el Dios Soberano, para contemplar el hilo irrompible de las huellas de su historia, marcando la creación con la gracia que emana de la esencia de su naturaleza: ¡El amor paciente!

Así que atrévete a mirar más allá de las faldas del monte que te reta a subir con determinación hasta tocar la cima, donde danzan con esperanza los que concentran su confianza en Dios. Atrévete a aventurarte con nosotros en esta corta jornada de intimidad, ternura y sosiego, donde solo tu fe penetra la esfera del misterio para alimentar el alma sedienta de paz y amor.

Con el anhelo y la determinación de retomar y vivir la hermandad en la comunión e intimidad con el Señor de la Mesa, comenzamos nuestra breve aventura con nuestro libro.

A través de cuatro capítulos breves, los cánticos de un pastor, la música y su letra, junto a mis pensamientos y reflexiones; caminaremos en fiesta de redención hacia corazones quebrantados. Los cánticos darán frescura de eternidad a tu alma cansada, para invitarte a regresar a la Mesa del Señor. Desde ese punto concéntrico del equilibrio perfecto de nuestra fe en el Señor, saldremos, unidos en amor, al camino del servicio con la Buena Noticia del Evangelio de Dios en Jesucristo. Saldremos a sembrar el Amor, la Paz, la Justicia y la Esperanza en "corazones de mármol"; sustancia eterna de la perfecta Palabra de Dios. Seremos voces de reconciliación y Luz de la Verdad en nuestro mundo enfermo y arropado de odio, violencia, injusticias, prejuicios y divisiones de muerte entre pueblos, naciones, clases sociales, culturas y religiones.

Nuestro mundo necesita voces valientes que exhalen un mensaje libre de estereotipos religiosos, políticos y raciales, para sanar conciencias, reconciliar vidas y liberar corazones. Sí, gente que solo piense en el bien del "otro". Para esta labor santa y sublime, Dios llama gente atrevida para consagrarlas a su proyecto de redención. Gente atrevida, libres del egoísmo que destruye, que estén dispuestos a llevar el yugo de la mansedumbre y la humildad de Jesús. Como dice el pastor presbiteriano Samuel José Vélez en su compendio de poesías espirituales, "atrévete a soñar". En una de sus poesías, intitulada *Atrévete*, nos desafía ante la disyuntiva que nos reta, a caminar firmes y conciertes sobre el hilo irrompible de la gracia del Creador, para no morir fosilizado en el valle de los fracasos. En una de sus estrofas nos desafía:

*Atrévete a posar tus pies firmes sobre el feraz escollo que ante ese*
*gesto se metamorfoseara en peldaños para que trepes con valor y*
*enhiesto. Atrévete a subir una y mil veces y toda vez que caigas,*
*vuelve y sube para alcanzar el cielo, y si no puedes, llega siquiera*
*hasta una nube.*

Atrévete a meditar en los versos del pastor que canta con la certeza de su fe monolítica y su confianza integra en el Señor de la Vida. Atrévete a considerar y leer críticamente mis simples reflexiones. Son solo para retarte a borrar el espejismo que te engaña y detiene. Sí, atrévete a caminar de frente contra todos los que te paralizan la determinación de intentar nuevas alturas en tu corta existencia, haciéndote creer que tu vida no tiene salida. Escribirlo es mi atrevimiento para caminar con tus pensamientos. ¡Léelos y deja que tu alma cante tu libertad!

# CAPÍTULO 1

# En memoria de Ti

*"Porque tanto amó Dios al mundo que dio a Su Hijo Unigénito, para que todo el que cree en Él no se pierda, sino que tenga vida eterna"* (Juan 3:16).

En su libro *Power of Humility*, R.T. Kendall intenta y desafía al cristianismo moderno a "vivir al estilo del ejemplo de humildad de Jesús"; toma este pensamiento del texto de una placa que hubo sobre el escritorio del fenecido presidente Ronald Reagan para retarnos a entrar por "el camino angosto de la humildad de Jesús". Esto es, si es que anhelamos una coexistencia de excelencia humana agradable a Dios. El texto de la placa confronta el pensamiento engañoso y utilitario de las estructuras religiosas y políticas modernas. Me parece propio citarlo en inglés: *"There Is no limit to how far a person can go as long as he doesn't care who gets the credit for it "* (Véase Kendal, R.T., The Power of Humility, Charismas Media / Charisma House Book Group, 2011).

¿A dónde intento llegar? Retomo el texto de la placa en inglés para no restarle sentido e intención con mi traducción. Pero lo cierto de la moraleja es entender juntos que no hay límites de conocimiento y desarrollo humano integral para los que no buscan su propia gloria y reconocimiento por lo que hacen o dan, sino que se ofrecen en servicio desprendido y humildad ante el Dios que lo dio todo para abrir la brecha estrecha que nos conduce a la vida auténtica y abundante de insondable eternidad. Implica que solo los humildes que se entregan con humildad y corazones desprendidos por el bien del otro alcanzarán alturas de espiritualidad y profundidad humana en la sublime presencia del Creador. Así Jesús demandó de aquellos que llamó para dar continuidad a su proyecto de expansión del reino de Dios: *"Como ustedes saben, los que se consideran jefe de las naciones oprimen a los súbditos, y los altos oficiales abusan de su autoridad, pero entre ustedes no debe ser así. Al contrario, el que quiera hacerse grande entre ustedes deberá ser su servidor, y el que quiera ser el primero deberá ser esclavo de todos. Porque ni aun el Hijo del hombre vino para que le sirvan, sino para servir y para dar su vida en rescate por muchos"* (Marcos 10:42-45).

Los nuevos enfoques existenciales de Jesús dirigidos a la naturaleza y santidad de la vida para vivir dignamente, nos ponen de frente ante una torcida realidad, que Jesús el Verbo denuncia, y es lo distante que están del reino nuevo de Dios las instituciones y estructuras religiosas, políticas económicas. Entonces es por lo que la más sabia inversión de una existencia justa, práctica y concéntrica con las demandas en sus tiempos es vivirla en una comunicación armoniosa, productiva y en correspondencia incondicional con Jesús el Cristo Redentor, quien nos invita a la Mesa, su mesa, nuestra mesa, compuesta con los humildes del reino nuevo en Jesús.

Es desde este punto catalítico, concertador y estabilizador de hermandad e igualdad humana, donde solo los humildes de corazón alimentan su alma, sacian su sed espiritual y existencial para alimentar a otros, celebrando el verdadero sentido de vida y libertad en integración y convivencia creativa y justa con el prójimo. Son estos los que abrazan y valoran con gratitud el inhumano e inmerecido alto costo de la Gracia Redentora de Dios encarnada en Jesús el Cristo. Son estos los constituidos en paradigmas trasparentes de vida digna y nueva, según el proyecto redentor de Dios revelado en Jesús, cumbre del nuevo hombre y verdadera humanidad.

Entonces la Mesa de la Cena de los redimidos llamados al servicio justo y libre de egoísmo resplandece de igualdad y dignidad de vida nueva entre gente trasformada en levadura para desarrollo de una nueva humanidad justa y en paz entre gente de buena voluntad de conciencias limpias. Por lo tanto, es punto neurálgico, dialéctico y catalizador que confronta al hombre deshumanizado, trazando un camino común de igualdad y hermandad entre pacificadores. Nos reta a destruir los muros de los conflictos, las divisiones egoístas y patológicas que desvirtúan la dignidad y decencia humana para liberarnos del sectarismo errático y diabólico de los sistemas religiosos, políticos y sociales, sembradores de odio y soberbia entre los pueblos.

Es por lo que la Mesa de la comunión en el Espíritu de Cristo entre los santos es símbolo de esperanza y amor incondicional para sanar y liberar los pueblos de la opresión de su pecado. Es símbolo que denuncia toda manifestación de injusticias, opresión, desigualdades sociales, explotación y humillación de los menesterosos por las estructuras de poder religiosas, económicas y políticas, que marginan el desarrollo e igualdad humana desvalorando la santidad de la vida. ¡DON DE DIOS!

Todas las razas caracterizadas por el color de su piel y dividida por las desventajas sociales, segregadas por los estereotipos contra su personalidad y estatus, idiomas, niveles académicos y económicos, y la soberbia del totalitarismo de reinos pequeños y grandes, incluyendo las religiones, a todos Dios ama e invita a encontrarse con ellos en el camino nuevo y estrecho de la auto-negación, para celebrar la danza de los justos en el disfrute del don sublime de la vida.

Todos estamos bajo la infinita gracia soberana de Jesús el Cristo: ¡Nuestra esperanza y certeza eterna! Su Nombre está por encima de todo nombre, poder y principado. Así se lo propone expresar el autor de la carta a los Filipenses en su credo cristológico: *"Por esto Dios lo exaltó hasta lo sumo y le otorgó el nombre que está sobre todo nombre para que ante el nombre de Jesús se doble toda rodilla en el cielo* (lo infinito no explicable e invisible) *y en la tierra* (lo visible y mortal al alcance del intelecto), *y toda lengua confiese que Jesucristo es el*

En memoria de Ti

*Señor para gloria de Dios Padre* (su universalidad y centralidad)" (Filipenses 2:9-11).

Es a partir de este Nombre enigmático, no desplazable, y desde su significado insondable, de donde brotan los destellos del reino nuevo de Dios y la identidad nueva de un Pueblo Nuevo de gente redimida. Hoy, lamentablemente, el cristianismo vestido de alteraciones religiosas y materialistas usurpa y profana el señorío de Jesús; con su mercadería religiosa empresarial y deshumanizante han sembrado un mundo de imágenes torcidas de Jesús, trastocando su proyecto redentor. Pero la persona de Jesús es perfecta e inagotable. Es profundamente más que una retórica de púlpitos vacíos y ausentes de la "gracia cara" y el amor inclusivo de Dios; y como efecto y consecuencia funesta, vacíos de justicia, igualdad, hermandad, humildad y de un mensaje íntegramente evangélico y transformador.

Es urgente e impostergable regresar al significado sustancialmente cristológico de la Mesa, sus símbolos y desafíos, para depurar nuestra fe, revaluar nuestros credos y creencias y las nuevas tendencias humanistas que determinan el pensamiento y conducta del cristianismo del siglo 21.

Es por ello que cautivado por la música y letra simple del trabajo musical de mi gran colega pastor Andrés González, en particular por su composición: "En Memoria de Ti, Jesús", de donde nace en mí el desafío de escribir desde mi intimidad, dialogar con el gran Pastor de la Vida, Jesús el Cristo. Te desafío a leerlo, a cantarlo y a evaluar el contenido fundamental de tu fe, para movernos juntos hacia un cristianismo simple, de una fe sana y libre. Por lo tanto, todo lo hacemos en memoria de Jesús el Cristo, su gloria, señorío eterno y en respuesta a su llamado (*cf. Mt. 26:26-29; Mc. 14:22-35; Lc. 14-20; 1Co. 11:23-26*).

## En Memoria de Ti, Jesús

*Jesús, la noche que fue entregado,*
*Tomo pan y bendijo, y a sus discípulos le dijo:*
*Tomad, comed; esto es mi cuerpo que por vosotros es partido;*
*Y tomando también la copa,*
*Y habiendo dado gracias, les dijo: esta es la copa del nuevo*
    *pacto,*
*Bebed de ella todos, esto es mi sangre que por vosotros es*
    *derramada.*

*Coro*

*En memoria de ti hoy tomo el pan,*
*En memoria de ti alzo la copa,*
*En tu redención mi alma reposa*
*En memoria de ti ante tu altar*
*Mi ser se goza al contemplar*
*Tu muerte y tu vida, y que volverás*

"En Memoria de Ti, Jesús" es y será un cántico para la historia siempre presente. Porque la historia de Jesús es un mensaje eterno que no muere, y late de vida nueva y eterna en los corazones que han creído y creen viviendo con esperanza el presente. Las letras del cantautor, como tampoco las mías, son un tratado superficial de malabarismo teológico, fruto de conceptos refinados por la razón, explicando lo explicado; son más bien los gritos del alma cantando su fe con el tono puro del amor y la gratitud al Dios que nos revisita y acompaña más allá de la muerte.

## Un Reino nuevo en odres nuevos

El Reino eternamente nuevo de Dios inaugurado en Jesús marca el punto de arranque determinante del proyecto y propósito redentor y restaurador de su creación. Pero también Dios en Jesús devela el punto de partida que da curso y presencia de un reino infinito y eterno, definido y patentizado dentro del misterio de la muerte y resurrección de Jesús, el Cristo. Es un evento que no se espera, sino que se mueve en el devenir de los tiempos, marcando la historia con huellas eternas que jamás serán borradas. Así lo anuncia el profeta Isaías, cuya voz penetra la mente del hombre y de donde brota el lirio eterno del amor sanador de Dios: *"Se extenderán su soberanía y su paz, y no tendrán fin. Gobernará sobre el trono de David sobre su reino, para establecerlo y sostenerlo con justicia y rectitud desde ahora y para siempre. Esto lo llevará a cabo el celo del Señor Todopoderoso"* (Isaías 9:7-9).

Ahora el Reino Nuevo de Jesús, Rey soberano entre y contra principados e imperios (visibles e invisibles), resiste las nieblas de los tiempos del hombre que hoy empaña y desvirtúan su expresión eterna entre los mortales y su temporalidad. Sus signos y símbolos, donde se concentran la sustancia cristológica del mensaje evangélico de Dios en Cristo, resisten la soberbia de una sociedad corrupta y en decadencia, de un liberalismo extremista con su pensamiento postmoderno que profana la sacralidad de los símbolos y signos que dictaron el curso y desarrollo del cristianismo, de la senda antigua y eternamente nueva. Aunque la neo-conducta y pensamiento, valores y nuevos estilos de vida de la sociedad postmoderna y sus prácticas dan lugar a pensar que el cristianismo está en decadencia y desbalance; la verdad evangélica, su historia, finalidad y visión como proyecto salvífico y restaurador de la dignidad humana, no está en derrota. ¡Está vivo y vigente en millones de corazones que desafían al mundo con su fe cristológica en el reino nuevo de Dios! Como bien afirmaba Jesús para catalizar la idea de un reino terrenal de comodidades y seguridades falsas y utópicas, cuando dijo: *"Desde los días de Juan el Bautista hasta ahora* (en pleno siglo XXI), *el reino de los cielos ha venido avanzando contra viento y marea, y los que se esfuerzan logran aferrarse a él"* (Juan 11:12).

Así, la Voz Eterna del Verbo Creador de Dios está firme y presente contra todas las tendencias antagónicas de ideas, intensiones e intenciones diabólicas del hombre, que atentan inútilmente contra el proyecto de humanización y redención que Dios consumó y selló con la muerte vicaria de Jesús en la cruz. Es este símbolo de la cruz de Cristo el punto cumbre de donde emana el eco eterno del amor sanador del Padre, quien nos reconcilió consigo mismo a través de la muerte expiatoria de su Unigénito Hijo, no tomando en cuenta la condición degradante y pecaminosa del hombre (*cf. 2 Corintios 5:18-21*)

El tono del apóstol Pablo en su reflexión cristológica nos parece tétrico, patético, crudamente injusto, e inaudito. ¿Cómo entender la conducta violenta de un acto tan inhumano? *"Al que no cometió pecado alguno, por nosotros Dios lo trató como pecador, para que en él recibiéramos la justicia de Dios"*

(2 Co. 5:21). Jesús fue tratado como el más repugnante delincuente y despreciado atorrante.

Ante esta realidad inaudita, reflexionemos a las siguientes preguntas:

*¿Qué implicaciones tiene tal atrocidad contra un justo para la humanidad postmoderna?*

*¿Cómo desafía la cruz de Cristo a los imperios religiosos del cristianismo contemporizarte?*

*¿Qué implicaciones y retos confrontamos ante la Mesa de la Comunión y sus símbolos?*

*¿Qué implicaciones escatológicas y proféticas representa el símbolo de la Cena del Señor para las instituciones religiosas del mundo postmoderno y sus sistemas políticos?*

## Hacia una himnología contextual y evangélica

El ministerio didáctico apostólico retomaba y comunicaba todo lo que Jesús en su cátedra ambulante e informal transmitió a sus doce discípulos, vocacionados a enseñar a otros todo lo que les había enseñado: *"Por tanto, vayan y hagan discípulos a todas las naciones* (inclusividad y universalidad del reino nuevo*), bautizándolos en el nombre del Padre y el Hijo y del Espíritu Santo* (fundamento y centralidad del reino nuevo), *enseñándoles a obedecer todo lo que les he mandado a ustedes"* (Mateo 28:19-20). Así que, predicadores, maestros, cantantes, compositores, pastores, poetas y profetas, no deben enseñar nada que Jesús no haya enseñado… Y si otra cosa se tiene que decir, tiene que estar dentro de los parámetros, propósitos y finalidad de Dios y su Reino

Nuevo en Jesús el Cristo. O al menos tener la sensibilidad y decoro espiritual del apóstol Pablo de cotejar su pensamiento y escudriñar su propio espíritu para cuidarse de hacer la aclaración preventiva, y decir: *"Ahora hablo yo, y no el Señor"* (1 Co. 7:12). Para no usar y profanar la voz del Espíritu Santo con un medio engañador y manipulador, privando a otros de su libertad.

Esto abunda y predomina en las neo-tendencias y corrientes cúlticas, con sus prácticas, dogmas y rituales, sin escrúpulos y faltos del temor a la honra a Dios; usando como *token* manipulante y subterfugio o pretexto de su propio espíritu y perversidad humana para sembrar las mentiras en las mentes de los ignorantes que esclavizan y atan a sus espurias y egoístas intenciones y maquinaciones.

Por lo tanto, la realidad en decadencia del cristianismo moderno, sus prácticas mistéricas, el contenido de su mensaje, su docencia torcida y su música paralizante del pensamiento crítico, nos detiene ante un gran desafío: evaluar nuestra música, su mensaje y su contenido teológico- evangélico en correspondencia y consistencia con el pensamiento cristológico de la revelación de Dios a través de su Verbo encarnado en Jesús el Cristo.

En las manos de líderes, maestros, pastores, cantantes, compositores y teólogos está este desafío urgente de depurar el contenido de lo que se enseña y proclama desde los púlpitos postmodernos y también a través de los supuestos ministerios del estribillo musical de los nuevos ministerios de la "farándula cristiana".

No me mal entiendan... Creo que el obrero evangélico vocacionado al proyecto del Reino Nuevo es "digno de su salario", pero no se lucra del pueblo y mucho menos se ampara detrás del conveniente concepto "sin fines de lucro" para amasar y extraer riquezas del bolsillo de los humildes e ingenuos... sus víctimas más lucrativas y vulnerables. Por eso es vital evaluar y descontaminar la himnología, cánticos, literatura, material teológico y el contenido del mensaje que se entrega al pueblo desde los púlpitos y aulas de educación en las congregaciones. Es y debe ser regulatorio filtrar lo que la gente oye a través del lente de la lupa cristológica del Evangelio del Reino Nuevo, esto es si queremos congregaciones sanas y equipadas para sanar y hacer discípulos con una fe esencialmente cristológica y sustancialmente evangélica en su contenido y orientación. Es decir, una fe en Cristo de "una sola costura".

*¿Desde dónde hoy consolidamos, afirmamos y testificamos esta fe en el Resucitado?*

*¿Dónde está el punto de centralidad misional, docente y kerigmático?*

## Desde la cena con el Señor del Reino

La literatura sacra fue configurando la estructura eclesial y el carácter restaurado e identidad de las primeras comunidades de creyentes seguidores del Resucitado, el Cristo Eterno. Son los evangelistas Mateo, Marcos, Lucas y Juan los que nos legan cuatro relatos de la última cena de Jesús con sus discípulos. Pero es Juan quien presenta el punto alto de La Cena Pascual, cuando Jesús de forma dramática confronta a sus escogidos con la última clase sobre las santas relaciones fraternales, entre ellos para testimonio y credibilidad de su misión y mensaje en el mundo.

Juan destaca la demanda fundamental y normativa de Jesús a sus discípulos sobre la necesidad del amor mutuo y la hermandad coyuntural, como fruto de una fe común (*Cf. Juan 15:9-13; 1 Juan 3:11-23; 2:7-11; comp. Juan 17:20-23*). La literatura del apóstol Juan así lo acentúa, como una solicitud no negociable de parte de Jesús a sus seguidores, quienes darían curso a su Proyecto de Redención. Son clases sencillas, pero difícil de procesar por el ego soberbio y soberano que domina siempre la voluntad de los humanos sin humanidad redimida. La metodología de Jesús es simple, pero incómoda para asimilar y accionar. Siempre demanda una respuesta: *"¿Entienden lo que he hecho con ustedes? Ustedes me llaman Maestro y Señor, y dicen bien, porque lo soy. Pues si yo, el Señor y el Maestro, les he lavado los pies, también ustedes deben lavarse los pies los unos a los otros. Les he puesto el ejemplo, para que hagan lo mismo que yo he hecho con ustedes. Ciertamente les aseguro que ningún siervo es más que su amo y ningún mensajero es más que el que lo envió. ¿Entienden, esto? Dichoso serán si lo ponen en práctica. Este mandamiento nuevo les doy: que se amen los unos a los otros. Así como yo los he amado, también ustedes deben amarse los unos a los otros. De este modo todos sabrán que son mis discípulos, si se aman los unos a los otros"* (Juan 13:12-17, 34-35).

Esta Cena Pascual, vestida con estos principios normativos, marca el tiempo terminante de la docencia intensiva de Jesús con su séquito de catecúmenos neófitos. Vemos en este punto de crudeza existencial, en una noche tétrica y arropada de misterio en la víspera de la muerte en la cruz de Jesús, la importancia y centralidad de la última

Cena Pascual del Maestro y Señor, y su profundidad trascendental para el destino de la humanidad. Este evento pascual de Jesús con sus escogidos indica y marca la hora del tiempo en regresión hacia la Cruz donde Jesús, el Cordero Perfecto, sellaría con su sangre el pacto reconciliador de Dios con el hombre. Pero también concentra la visión de un futuro nuevo, enmarcado en la gracia, amor, paz y justicia, para configurar el Pueblo Nuevo de Dios y dar origen visible de su Reino Eterno. Es por lo que en la Cena de Jesús el Señor muere el individualismo, la división de clases y razas, y muere el hombre degradado por el pecado. Nace la integración y buena voluntad entre los pueblos. Los símbolos dan curso al balance doctrinal preventivo y la peculiaridad cristocéntrica y única de los creyentes convertidos en los primeros discípulos seguidores de Jesús, quien trazo el camino hacia la cumbre de la estatura de la dignidad y libertad humana en comunión y reconciliación con el Creador y su creación.

Las características y los frutos expresarían ante el mundo el testimonio de la nueva identidad engendrada en ellos por el Espíritu de Vida eterna del Resucitado, que les acompañaría para siempre. Hoy necesitamos retomar esta certeza para emancipar nuestra fe anhelante de sed del Espíritu y libertad ontológica.

De la Mesa del Señor en gloria destilan los frutos del amor y la gracia como expresión de la justicia y el perdón de Dios a la humanidad. De ellos brotarían los destellos de acciones justas y el mensaje de luz de la Palabra Santa, para dar continuidad visible al proyecto restaurador de Dios, transformando gente en levadura nueva y signos de esperanza para los que viven en tinieblas y opresiones. De ellos brotaría el Verbo de Vida, con la autoridad del Espíritu, para anunciar al mundo las virtudes del Dios que les llamó de las tinieblas a la luz de la Verdad encarnada en Jesús.

Un mensaje depurado y saturado de gratitud y acciones de gracia de corazones humildes. Un mensaje simple y honesto, no una retórica hueca y perversa de los sicarios mercantilistas de las religiones modernas de este mundo. Mercenarios de sus intereses egoístas; quienes controlan, amasan y substraen riquezas de audiencias incautas bajo la "gracia barata" de los jerarcas de los imperios de las religiones, que les venden un cielo abstracto y barato a los ignorantes de cada generación. Dios no es un dios filosófico, enmarcado dentro de los conceptos especulativos de los límites humanos. Es el Dios Creador, fuera del tiempo y de los marcos conceptuales que especulan sobre su naturaleza y veracidad. Solo lo tocamos y sentimos por medio de la fe en el acto vicario y redentor de su Unigénito Hijo, revelador de su grandeza y amor inexorable e infinito. Su voz, como eco inmortal, nos comisiona a ser luz de la existencia, y sal para preservar la vida, sus valores, virtudes y principios inherentes al Verbo Revelado y Encarnado en Jesús el Cristo.

¡Qué cada creyente, seguidor y manifestador de la Vida Nueva camine con la convicción del canto olvidado:

*Yo soy la sal de la tierra,*
*sabor a Cristo te voy a dar;*
*sal para dar sabor,*
*sabor a cristiandad…*
*Mi tierra y tú tierra*
*sabor a Cristo te voy a dar.*

Sí, el cristianismo de caras patéticas, pálidas y piadosas del mundo moderno necesita un corazón evangélico con sabor a la humanidad, mansedumbre, sencillez y libertad de Jesús; para dar y servir como testimonio del Espíritu en sus mentes renovadas y solidificadas en la Paz del Señor Jesucristo. No el sabor repugnante entre gente dividida, diluida y vestida de falsas pretensiones, arrogantes, de pleitos carnales y faltos de amor, vestidos de una falsa piedad religiosa.

Es aquí donde los símbolos de la redención denuncian la conducta impropia de los que no disciernen el Cuerpo de Cristo y su vocación salvífica. Pero también es aquí donde el símbolo de la Mesa del Señor es juicio consumidor, donde la paja arderá y la fe de los fieles brillará, arrojando destellos de esperanza a los desposeídos de la tierra y anunciándoles que la vida vale más que el vestido. Que solo la viven con dignidad y la celebran y disfrutan los humildes y penitentes cuando reconocen su desnudez pecaminosa ante el amor redentor de Dios. Estos existen viviendo en la presencia del Señor de la Cena, que nos enseña que el mejor alimento para el ser es caminar encarnando su voluntad y dando a conocer al Padre.

## "En Memoria de Ti, Jesús", un canto para la historia

Las cuerdas deleitosas del alma pastoril de Andrés González vibran de gratitud en la presencia del Señor de la Mesa, vestida de símbolos que proclaman el testimonio del amor eterno del Padre Soberano de la vida. Su cántico emerge del alma agradecida. Emerge del ser en fiesta de redención en memoria del crucificado, Cordero de Dios que quita el pecado del mundo. Su música es manantial e inspiración del Espíritu del Señor presente, que provoca una adoración cuya sustancia histórica inunda la memoria del adorador con el significado redentor que emana de cada símbolo de la Mesa, para rememorar el mensaje inmortal de la salvación a un mundo perdido. Símbolos de redención para proclamar la grandeza eterna del Cristo Vivo, de donde emana el amor reconciliador que da legitimidad y credibilidad a los creyentes de todos los tiempos, constituyéndolos en verdaderas comunidades de fe cristocéntrica, patentizada por la Mesa del Resucitado como punto de encuentro común de adoración y de partida hacia la misión de sembrar la semilla del Evangelio del Reino Nuevo que no tendrá fin.

*En Memoria de Ti* nos invita y desafía a cantar con entendimiento y discernimiento el hecho histórico de la muerte en la cruz de Jesús, certeza de nuestra fe y sustancia de la Verdad revelada de Dios.

Es una invitación a cantar y a reflexionar con el alma atada a la esperanza y la certeza del Resucitado, presente y ausente entre su pueblo.

Entre los himnos decomisados por la himnología del "cristianismo de balcón" y sus prácticas posmodernas, está uno que solía oír en el culto de la Santa Cena de mi iglesia, titulado *Hoy Venimos, Cual Hermanos* (himno de la vida cristiana). Es atinado el comentario en la dedicatoria en el que resalta la importancia de una himnología de excelencia, la centralidad de la Palabra, el orden del culto y su formalidad, conclusión relevante al final de una adoración didáctica, retadora e inspiracional. "Los buenos himnos adornan y proclaman la doctrina ortodoxa; las canciones cristianas cuentan experiencias que estimulan, enriquecen el valor del culto y robustecen la confraternidad de los hijos de Dios para lanzarlos al cumplimiento de La Gran Comisión" (*cf. Mateo 26:26-28; Marcos 14:22-24; Lucas 22:14-20*). Reconsiderar la configuración de esta trilogía sinóptica, respuestas ante la Mesa de la Comunión, nos invita a transformar el presente, mientras caminamos hacia la consumación de nuestra esperanza en el Resucitado (las bodas del Cordero Pascual). La cena acostumbrada se transforma en el punto cumbre y enigmático para los 12 discípulos. Jesús da vida, sentido, significado nuevo y propósito a los ingredientes sobre la mesa y plasma en ellos una trascendencia de continuidad didáctica y memorial, que se habría de prolongar hasta el pleno cumplimiento en el reino de Dios. *Ver Lucas 22:16.*

Aunque no es mi intención reflexionar sobre todas las implicaciones existenciales, espiritual y docente de Jesús y sus discípulos alrededor de la Mesa que les concentraba en una hermandad nueva y dinámica, sí deseo acentuar la necesidad vital de rescatar y recobrar la dignidad y la igualdad de las justas y sanas relaciones humanas entre los que profesan la fe en el Resucitado y Señor central en la comunión de los santos… Hoy esta comunión está perdida en el pajal del individualismo religioso.

*¿Cómo la rescatamos?*

*¿Cómo retomar la naturaleza espiritual, pedagógica y socioló-gica de la Mesa de los santos en comunión y hermandad con el resucitado?*

# La Cena del Señor, la comunión sin comunión

La vitalidad de una comunidad de fe espiritual y existencial, concentrada y definida en Jesús el Cristo, emana de gente redimida y concertada en una coexistencia de pacto y hermandad; dando la vida por la vida, para ganar y celebrar la Vida. Son gentes sencillas, humildes y mansas como Jesús, su Señor soberano y absoluto, que les desafía a la obediencia y al disfrute de la mejor comida para el alma: Hacer la voluntad del Padre, asumiendo todo los costos y los riesgos que implica vivir por la verdad y la defensa de la igualdad, la justicia y derecho de los desposeídos. Para esto, el ingrediente santo y puro del amor, fundamenta y legitima todo el quehacer y credibilidad de los que proclamamos, testificamos y enseñamos el evangelio del reino de Dios a toda nación sin distinción de personas.

*Readers Digest* publica un libro sobre Jesús y su tiempo. En síntesis, ofrece una historia breve sobre las costumbres y tradiciones que normalizaban la conducta y prácticas religiosas del pueblo judío. Entre ellas la Pascua Judía ocupa un lugar central y fundamental para el judaísmo en cuanto su identidad religiosa, cúltica y a la toma de conciencia del pacto como fundamento de su llamamiento y fidelidad a Dios y la continuidad de su vocación. La Pascua con particularidad, como comenta la Biblia, puede ser la comida sagrada, que comenzaba el día 14 del mes de Nisán, al atardecer (en el antiguo calendario lunar hebreo ese día caía a fines de marzo, en abril o a principio de mayo). Era un evento grande y memorable para el pueblo de Israel. *Cf. Lv. 23:4,5.*

En un sentido específico, se le conoce como "la fiesta de los panes sin levadura". Durante esta celebración, por espacio de una semana, no estaba permitido comer panes con levadura. *Cf. Ex 12:15-20; Ez 45:21.* Estas celebraciones son signos culturales y religiosos que a través de los tiempos hablan a las generaciones del presente sobre la historia e identidad del pueblo de Israel y su pacto con el Dios que les liberó de la opresión egipcia. En ellas retoman la historia de los grandes portentos de Dios y la centralidad de éste en su fe, sus ceremonias, su culto, la exclusividad de la raza, y definición de su fe entre los pueblos y las culturas religiosas de estos. Pero también sus fiestas son un puente didáctico para transferir los valores y principios de la historia de su fe a las generaciones jóvenes del presente, como garantía y perpetuidad de su patrimonio de pueblo escogido y exclusivo entre los pueblos y sus religiones, según su fe.

Pero también la historia profética de los textos sagrados nos ofrece el rostro de un Dios disgustado y en repugnancia con sus fiestas, culto y ofrendas. El corazón, la conducta y las prácticas privadas y comunitarias del pueblo eran desagradables y rechazadas por el Dios que ellos pretendían adorar y anunciar con sus fiestas y ceremonias hipócritas: *"No me sigan trayendo vanas ofrendas; el incienso es para mí una abominación"*, les decía el profeta Isaías comisionado por Dios (*cf Isaías 1:13-17*). Es muy atinado el comentario que hace de estos textos la Biblia NVI: "Lo importante es la sinceridad del adorador, no el número de sus actividades religiosas" (*cf. Isaías 66:3; Jer.*

*7:21-26; Os. 6:6; Am. 5:21-24; 6:6-8).* Como lo hicieron otros profetas, Isaías también rechaza la adoración que no esté respaldada por una vida de integridad personal y de justicia hacia los más vulnerables y desamparados de la tierra. De la misma forma que el texto del profeta denuncia y señala el rechazo de Dios hacia las fiestas desagradables y profanantes del pueblo, así también descalifica e invalida sus ayunos desatinados y lejos del agrado de Dios. Véase Isaías 58:1-7.

> Lo que sí sabemos es que las comunidades necesitan regresar a la Mesa de Comunión de Jesús el Señor para reencontrar y retomar su papel profético como pueblo.

La voz del profeta incursiona en la densidad histórica de siglos de cristianismo fragmentado, dividido e infectado de dogmas, ceremonias, nuevas creencias, prácticas mistéricas, cúlticas y prejuicios eclesiales de los grandes y pequeños imperios religiosos. Empresas religiosas dominadas por los neo-caudillos poseídos de la voluntad de las masas modernas, vulnerables y arrastradas por la sagacidad de los neo-mercaderes del cristianismo pluralista y desconectado de la centralidad evangélica de Jesús el Cristo, lejos de la mística integradora y restauradora de la Mesa del Señor.

La voz del profeta Isaías se hace patente e imperante para revivir y redefinir el carácter, la imagen y testimonio de la Iglesia que contemporiza, en términos generales, en las colindancias de lo sincrético con los nuevos enfoques teológicos, de los nuevos estilos de vida patentizados e impuestos por el pensamiento pluralista postmoderno de la sociedad altamente impositiva y secular. En medio de toda esta realidad, el Evangelio del Reino Nuevo de Dios en Jesús el Cristo está oculto como la Gran Perla bajo el pajar de las religiones y las nuevas filosofías de vida del mundo moderno.

¿Hacia dónde vamos?… No sabemos. ¿Cuál será la síntesis de Dios con la humanidad al final de su existencia?... Menos sabemos.

Lo que sí sabemos es que las comunidades necesitan regresar a la Mesa de Comunión de Jesús el Señor para reencontrar y retomar su papel profético como pueblo escogido para anunciar las virtudes de la grandeza de Dios.

El pueblo de Israel constantemente era interceptado por la Voz del Dios que les dio identidad de pueblo escogido para un propósito fundamental y definido entre los demás pueblos y razas: *"Así dice el Señor: Deténganse en los caminos y miren; pregunten por los senderos antiguos. Pregunten por el buen camino y no se aparten de él. Así hallarán el descanso anhelado. Pero ellos dijeron: 'No lo seguiremos'."* (Jer. 6:16). *Comp. Is. 1:2-11.*

Constantemente la voz profética presionó su dedo sobre la llaga infectada de la desobediencia e infidelidad del pueblo, para regresarlo al propósito y razón de ser de su existencia. Cf. Jer 1:6.

Un pueblo constituido por la alianza (1Cro 16:15-23), a ser luz con sus memorias históricas. La presencia constante de su Dios soberano comisionaba la voz impactante del profeta para despertarlo del sueño de sus engaños y deslealtades, restaurar su culto y testimonio ante los pueblos y sus religiones culturales.

Ahora, de la misma manera que el pueblo perdió la centralidad de su misión entre las naciones y la mística y credibilidad de sus fiestas y ceremonias cúlticas, así el cristianismo moderno fraccionado está diluido en creencias, rituales, mitos, conceptos y doctrinas humanas; descentralizada su fe de la verdad absoluta del Evangelio del Reino Nuevo de Dios encarnado en Jesús el Cristo. Lejos de la comisión dada por Jesús a sus discípulos. El apóstol Pedro ofrece a las iglesias la naturaleza y función del nuevo pueblo de Dios como insumo del Evangelio del Reino. Véase 1Pedro 2:4-12; comentando este versículo descriptivo (Vs. 9): así como Israel era llamado el pueblo escogido de Dios en el Antiguo Testamento, también los creyentes del Nuevo Testamento son llamados escogidos, elegidos, real sacerdocio para una vocación de embajada sin fronteras exclusivas y jerárquicas.

El autodenominado cristianismo de la nueva era, subdividido en un sectarismo de mega y mini grupos, constituidos por élites e intereses humanos, dominados por sus ambiciones localistas, sociales y culturales, descentraliza y desplaza la visión cristológica del apóstol Pablo y la virtud visible de un pueblo: La voz del Espíritu Santo de Dios es voz que le invita a vivir en comunión con el Señor de la Cena y su credibilidad evangélica, en comunión y sencillez con las demandas del Evangelio del Reino encarnado en Jesús. *Véase Ef. 1:7-12; Jn. 17:20-26.* Esta visión cristológica denuncia y descalifica la invasión de grupos solitarios, cuya mentalidad caudillista y sectaria fragmenta y divide pueblos y familias, enterrándolos en el pantano de las rivalidades religiosas.

Creo que la visión de Jesús no ha progresado mucho, y en muchas de nuestras comunidades ha fracasado y fracasa cada vez que la Mesa de la comunión se celebra con gente faltos de hermandad y unidad en el Espíritu de Cristo. Es aquí donde la Mesa y sus símbolos denuncian y desnudan la hipocresía de los que comen impenitentemente sin discernir el Cuerpo de Cristo, comiendo y bebiendo juicio para sí, adulterando el propósito santo de la Comunión entre los santos. La Mesa del Señor y sus símbolos gritan por un cristianismo sólido y le invita a regresar a la vocación central de su llamado de ser voces de redención, esperanza, amor sanador y de justicia reconciliadora de Dios revelada en Jesucristo. Voz que reconcilia, restaura, une y penetra con su misión en el mundo perdido. Es por eso que "Jesús le dio un significado totalmente nuevo a la cena pascual. Fue tan intenso el sentimiento de confraternidad con Jesús que, después de su muerte, para los discípulos aquella cena se convirtió en símbolo permanente de unión a su Señor" ("Jesús y su tiempo"; *Reader's Digest*, pág. 263).

Jesús, de forma imprevista para los discípulos, le da una vuelta radical al significado tradicional del ritual de la fiesta de la Pascua. Con Jesús queda roto el círculo rutinario de una tradición pasiva, para abrir la puerta que conduce a nuevos cauces de vida y comunión con el Creador, en coexistencia cordial de hermandad y paz con el "otro". Hasta Jesús, la Pascua solo había servido para rememorar el pasado; ahora el tono de Jesús saca al hombre de una existencia de atascadero y lo lanza al camino de la fe, conducente a un futuro en aproximación hacia la Fiesta Eterna de los redimidos con el Señor en su gloria. Según narra San Marcos, Jesús dijo a sus discípulos: *"Les aseguro que no volveré a beber del fruto de la vid hasta aquel día en que beba el vino nuevo en el reino de Dios"* (Marcos 14:25).

¿Creemos esto? La comunidad de fe camina y coexiste con la certeza de la presencia del Cristo que esperamos, que está en nosotros y con nosotros, y su creación en movilidad hacia un evento cumbre y culminante.

## La Cena de la despedida inédita de Jesús

En la escuela juanina, en su redacción post-pascual, se acentúa un suceso, que según el evangelista tiene lugar antes de que Jesús se sentara a la mesa a comer y compartir la cena con sus discípulos.

Es aquí, previo a la comida, donde Jesús afirma tres desafíos, generalmente ausentes en la tradicional Santa Cena del cristianismo moderno: el amor, la humildad y el servicio indiscriminado.

De manera sorpresiva, Jesús toma un lebrillo con agua, posiblemente el acostumbrado para lavarse las manos antes de comer, ya que se comía con las manos y estas debían estar limpias antes de meterlas en el plato común. (*Véase Juan 13:2-5*). Este preámbulo a la cena le da el contenido práctico y demandante a la nueva comunidad de seguidores de Jesús, para patentizar con legitimidad y credibilidad la participación en el reino de Dios y la proclamación del mensaje redentor de la Buena Noticia. Jesús es el eje central de la creación y el universo, que da centralidad, estabilidad y equilibrio a la vida. Por él y para él fueron creadas todas las cosas, visibles e invisibles, según el testimonio del evangelista Juan (Juan 1:1-5). De él emana el nuevo modelo de coexistencia en comunidad, conducta y trato entre los humanos. Jesús sienta las pautas para una vida nueva y placentera, alimentada por la pureza del amor, fundamentada en la fe y certeza de la obra redentora por la muerte de Jesús en la cruz y movida por la esperanza más allá de los límites de nuestra humanidad mortal.

Si incorporamos las virtudes, los dones, los principios y valores divinos revelados en Jesús, tendríamos comunidades de fe cristiana con corazones limpios y sanos, cuyos rostros y convivencia interna marcaría el camino justo, hoy plagado de religiones y rivalidades carnales, para que muchos pudieran conocer las virtudes y grandezas del amor pacientemente eterno de Dios encarnado en Jesús. Es por lo que en Jesús muere la soberbia humana y nace la igualdad y la justicia. ¡Nace su Paz! Esto es un hecho consistentemente vivido y testificado por los que han creído en La obra redentora de Jesús el Cristo.

El teólogo holandés Edward Schillebeeckx, en su libro *Jesús, la historia de un viviente*, nos presenta el rostro nuevo del cristianismo comunitario que debería de tener como modelo todo seguidor practicante de los ejemplos y acciones de Jesús el Cristo. En el preludio de la cena pascual, a partir de la cual cambiará toda la historia del devenir humano hasta el final de su destino, Schillebeeckx resalta la característica más alta de Jesús en su humanidad y el desafío más duro de procesar contra toda soberbia del hombre caído: La humillación de sí mismo, para enterrar el orgullo que deshumaniza al hombre, la mujer, la juventud y a los tallos tiernos de la niñez infectada por un ambiente social descentralizado y poseído por el neo-pensamiento moderno. Miremos por un instante el drama que presenta a Jesús con sus discípulos:

"El amo se ciñe para lavar los pies, acto que precede a la comida y a la invitación a acercarse a la mesa. En este texto, el banquete celestial escatológico con ocasión a la parusía de Jesús es presentado como una acción efectuada por el Jesús terreno; de ello se infiere la identidad entre el Jesús terreno y el Jesús que vendrá al final de los tiempos. Jesús sirve como quien sirve en un banquete. El servir, el servicio de amor, se convierte así en el principal distintivo de la vida de Jesús; el hecho histórico del servicio se transfiere al Señor que ha de venir" (Edward Schille-beeckx: *Jesús, la historia de un viviente*, página 279).

Hoy el cristianismo vive muy distante de la Mesa de la comunión y sus símbolos de redención, que están en los rincones de los santuarios del hombre o edificios, centro de reuniones sedativas que como el opio privan a la gente de la autodeterminación y libertad de conciencia. Es por esto que la Cena del Señor revive el escándalo de la cruz, donde muere el hombre con sus pasiones y rebeliones. Como dice E. Schillebeeckx: "La tradición de la cena es, pues, el punto de partida de la interpretación cristiana de la muerte de Jesús como auto donación salvífica" (P. 279). En otras palabras, la Cena es el punto de partida y de llegada como comunidad.

No hay salvación sin comunión, y jamás se dará el misterio de la Comunión con el crucificado sino se sufre en la carne la experiencia de la salvación como acto liberador de Dios. Para liberarse a sí mismo, Dios libera al hombre, restaurando la comunión del hombre con el hombre a través de la muerte del "hijo del hombre". En el fondo profundo del Señor de la Cena comienza el drama salvífico de la humanidad, pero también emerge la Comunidad de Mesa como signo y continuidad de redención entre los pueblos. "Jesús ofrece la salvación mediante la comunidad de mesa. En otras palabras, la cena de despedida se sitúa en un contexto más amplio de la vida de Jesús que ofrece la salvación divina bajo el signo de la comunidad de mesa" (E. Schillebeeckx, *Jesús, la historia de un viviente,* página 281).

La Comunidad de Mesa está siempre ante su propio desafío de ser signo definido y depurado por el Señor de la Cena. Signo que anuncia e invita al mundo a un encuentro en fiesta de salvación, esperanza y reconciliación con Dios.

"En memoria de Ti" es una voz, cuyo cántico nos reta a ser, vivir y conducirnos conforme al modelo del ser humano perfecto: Jesús, "el hijo del hombre". Nos invita a responder al desafío de la elevada humanidad de Jesús en subordinación libre y voluntaria a la voluntad del Padre y su visión de redención. Nos invita a entrar por la puerta estrecha hacia la Mesa, pero ante ella (la Mesa con el Señor presente) nos demanda un inventario de nuestros secretos desnudos y oscuros para enfrentar la Luz de la Verdad del Verbo, que restaura y rescata lo perdido y lo reviste de gracia para edificación de nuestra estructura sicológica, moral y espiritual.

Desde este punto central de la Mesa, el Señor nos envía a vivir y comunicar la paz y la justicia para leudar el mundo con el mensaje del amor reconciliador de Dios. Es un reto por incursar dentro del contexto humano con el alma nutrida de las virtudes eternas y los dones del Resucitado para vivir y contextualizar las riquezas del Evangelio del Reino Nuevo de Dios.

"En memoria de Ti" nos desafía a cantar, extrayendo de cada símbolo la sustancia cristológica para fortalecer al ser, definir nuestra personalidad, depurar la fe, reorientar la esperanza, sanar nuestras relaciones y celebrar y disfrutar la Vida como don eterno de Dios. Nos invita a vivir arrepentidos y agradecidos por el don de la salvación y el perdón incondicional que proviene solo de Dios.

En este punto crucial de la Mesa con el Señor solo los humildes encuentran paz, justicia y vida eterna. Es por esto que celebrar la Cena no es una opción del culto rutinario y ritual de los profesantes. Para los discípulos, después de la resurrección de Jesús, la Cena de la Comunión "se convirtió en símbolo permanente de unión con su Señor" (*Reader's Digest*, "Jesús y su Tiempo"; pág. 263) Como dice E. Schillebeeckx: "la venida del reino de Dios sigue estando vinculada a la comunión con Jesús de Nazaret" (pág. 283).

## Importancia socio-teológica de la Cena del Señor

Recientemente visité una congregación pequeña en el estado de la Florida, reunida en un local alquilado de espacio muy reducido, donde quizás no caben más de 60 personas. Están en un edificio comercial que, en primera instancia, de no ser por el letrero que les anuncia como iglesia, no sabríamos que allí está el santuario de adoración, proclamación y formación de un grupo de fieles que celebran su fe al servicio de Jesucristo.

Al entrar al sencillo templo, comencé a observar todos los símbolos que me movían a la reflexión, despertando mi memoria. La simbología en el altar abrazaba mis recuerdos, llevándome en un viaje de concientización al pasado a través de los peldaños escriturales de la Palabra, que hoy nos habla del inmenso amor de Dios y del costo de la redención del hombre pecador. Pero también a las tantas comunidades de creyentes humildes y templos sencillos faltos de las comodidades y el lujo de las grandes catedrales; pero en todos, la Mesa de la Comunión proclama el mismo mensaje de la redención.

Los símbolos que hoy están ausentes de muchos altares, convertidos en plataformas del hombre sin conciencia del costo de la redención: La muerte de un inocente; substituto por cada pecador, quien dio su vida en muerte de cruz, derramando su sangre para remisión y liberación de éste, reconciliándolo con Dios el Padre y Señor de Todo. Los símbolos de la Mesa y el Altar dan vida a la historia. Son sentido y sustancia cristológica para la fe en el Resucitado, provocando un manantial de gratitud y confianza en el alma de los penitentes que encuentran la profundidad y la plenitud del ser en presencia del Señor de la Vida, Jesucristo.

La lluvia de símbolos vivos, desplazados en aquel altar sencillo, recapitula en síntesis la muerte vicaria de Jesús en la cruz y su papel pastoral para con todos los que le oyen, le creen y le siguen en servicio y misión por amor y gratitud. Cada símbolo contiene y concentra el propósito definido, profundo y trascendente de la muerte y pasión de Jesús para el presente y el destino de la humanidad. En ellos está concentrado el drama ignominioso y sádico de la muerte torturante de Jesús; humillado hasta lo sumo en la cruz vergonzosa. De la Mesa brota la Luz Eterna del Señor del Reino, quien con su resurrección hace renacer la esperanza de la Vida Eterna para todos los que coexisten unidos al Señor, que les preside e incita a vivir en renovación de vida fraternal y espiritual cada vez que celebramos la Fiesta Eterna de los redimidos del Reino.

Sí, desde la Mesa de su Presencia el Señor nos envía a dar continuidad a su ministerio pastoral y salvífico (centralidad de su misión) bajo el poder y la autoridad de su Espíritu, para liberar y sanar a todos los que le creen y responden en obediencia y humillación a su Voz, que hoy también reclama nuestra respuesta: *"Se ha cumplido el tiempo —decía—. El reino de Dios está cerca. ¡Arrepiéntanse y crean las buenas nuevas!"* (Marcos 1:15).

La encarnación del Verbo, la Palabra inmutable e inmortal (Dios humanado - Emanuel), certifica y hace patente la llegada del reino que jamás tendrá fin. Dios en Jesús se hizo mortal, para penetrar al drama de la miseria de los mortales, para leudar su creación con su gracia, su justicia y su amor reconciliador.

Desde la Mesa sale la voz de la libertad para los mortales, para sanarle y liberarle. "En memoria de Ti" nos invita en Cristo a hacer memoria de Él y del costo de la redención. Nos invita a ofrecer una alabanza de gratitud, disponibilidad, humildad y compromiso con el propósito emancipador de Dios. Nos invita a reflexionar sobre las características distintivas de la nueva criatura según Jesús, el Hijo del hombre, dotado con toda la autoridad y el poder que imparte Dios a su enviado. (*comp. Mt. 9:6*).

Comulgar con Jesús en su Mesa nos desafía a la auto-negación y el auto-sometimiento a los nuevos principios y valores del reino nuevo. Esto implica asumir el alto costo de los riesgos de seguir a Jesús, asumiendo cada cual el riesgo de seguir al solitario enigmático hacia la cumbre del destino de su existencia. Es desde esta cumbre de su dolor y humillación de donde el Señor nos envía como "ovejas al matadero"; para ser lumbreras resplandecientes y rostros radiantes reveladores de los signos de esperanza y normalidad humana, de conciencias renovadas y pensamientos puros; para motivar a muchos a entrar por la Puerta estrecha hacia el Reino Nuevo de Dios, donde sólo los humildes adoran y coexisten en la Comunión del Espíritu Santo del Cristo Redentor. Donde solo el amor es el don que viste la conducta y el orden de los invitados a la Boda del Cordero, desafío para vivir en fiesta eterna de paz y adoración en la infinita presencia del Autor y Señor absoluto de todo lo creado, visible e invisible; desafío de la fe del hombre consternado ante su propia fragilidad y mortalidad. Por esto lo imposible se hace posible en la resurrección de Jesús, en quien el hombre mortal sublima su más alto ideal: existir para no morir muriendo y así vencer el abismo oscuro de la muerte; celebrando y viviendo la eternidad patentizada con la resurrección de Jesús, quien derrotó la muerte por medio del Poder Soberano del Padre. Esta es la victoria, nuestra fe en Jesús, el primogénito de entre los muertos.

Desde esta premisa de la Mesa del Señor Viviente, los símbolos toman vida a través de la certeza de los fieles que proclaman y dan testimonio de la gran Victoria de la Vida. El apóstol Pablo también hace eco de la convicción y la certeza de la fe victoriosa de los redimidos:

> *"Cuando lo corruptible se vista de lo incorruptible y lo mortal, de inmortalidad, entonces se cumplirá lo que está escrito: 'La Muerte ha sido devorada por la victoria... ¿Dónde está, oh muerte, tu victoria? ¿Dónde está, oh muerte, tu aguijón?'. El aguijón de la muerte es el pecado, y el poder del pecado es la ley. ¡Pero gracias a Dios, que nos da la victoria por medio de nuestro Señor Jesucristo!"* (1Co. 15.54-57).

Este triunfo del Hijo del Hombre crucificado en el patíbulo vergonzoso de la cruz y resucitado por el Poder Creador del Padre abrió un camino nuevo hacia un destino de Gloria y Vida Eterna: Esperanza para la humanidad de todos los tiempos. En la Mesa conmemoramos el dolor y la humillación injusta de Jesús en la cruz, y la victoria y garantía para todos los profesantes en obediencia y disposición a su Señorío Eterno.

"En memoria de Ti" destila de cada símbolo néctar deleitoso de la gracia sanadora del Verbo del Padre, que lo dio todo por nuestra redención. Este acto, quizás sádico e injusto ante los ojos del mundo moderno, debe provocar un sentimiento de gratitud, disposición, humildad y obediencia incondicional en el ser de todo creyente sincero, cultivado por la regeneración y santificación del Espíritu Santo. "En memoria de Ti" actualiza, desde la Mesa con el Señor, la síntesis de la muerte y pasión de Jesús el Cristo; desafía a los creyentes practicantes de la religión cristiana posmoderna a retomar la dignidad de su testimonio, a regresar a la comunión con el Resucitado y su misión redentora, asumiendo la Visión del reino nuevo de Dios según lo expone el apóstol Pablo: *"Él nos hizo conocer el misterio de su voluntad conforme al buen propósito que de antemano estableció en Cristo, para llevarlo a cabo cuando se cumpliera el tiempo: reunir en él* (Jesucristo) *todas las cosas, tanto las del cielo como las de la tierra"* (Ef. 1:9,10).

Modelar este nuevo reino concentrado en la persona de Jesús y su amor, obediencia y fidelidad ante el mundo de los mortales, será la acción y el testimonio más deleitoso y atrayente que con altura existencial y precisión ontológica los profesantes de la fe en Cristo han proclamado y testifican con esperanza, gratitud y certeza cristológica. Los signos de la Mesa anuncian la presencia del Señor ausente pero siempre presente entre los suyos. Mientras esperamos, los creyentes caminamos celebrando la fiesta eterna de los redimidos, en el disfrute pleno de la promesa de Dios: *"Y les aseguro que estaré con ustedes siempre, hasta el fin del mundo"* (Mateo 28:20).

De la cena de la despedida, alimentada con un "hasta luego", emerge el punto cumbre y eterno donde todo lo temporal será absorbido por la soberana eternidad del reino nuevo del Padre con su pueblo: *"Les digo que no beberé de este fruto de la vid desde ahora en adelante, hasta el día en que beba con ustedes el vino nuevo en el reino de mi Padre"* (Mateo 26:29).

Esta visión escatológica, contenida de misterios impredecibles del enigmático maestro ambulante sin aulas docentes, infunde a la fe de sus seguidores creyentes un estado tácito de certeza de trascendencia espiritual, seguridad existencial y convicción profunda de vida eterna. Así lo implican los editores del *Diccionario de Jesús y los Evangelios* en su comentario sobre el versículo 29: "El evangelio del reino en Mateo debe por tanto referirse al anuncio de la venida del reino de Dios a la tierra, al que se entrará de manera decisiva en el momento del retorno de Cristo, y aunque en otro sentido ya está aquí y está creciendo (cf. Mateo 13:31)" (Joel B. Green, Jeannine K. Brown y Nicolás Perin; Editorial Clie, 2016).

Los creyentes adoran y anuncian al que viene y está, para enseñar, fortalecer, corregir y acompañar en esperanza a todos los fieles servidores. Jesús vivo y presente en la reunión de los santos del reino despierta a los creyentes del sueño paralizante de los afanes del mundo que los priva de la intimidad y comunión con Él. Pero mientras esperamos, los creyentes caminan celebrando la fiesta de los redimidos en el disfrute pleno de la promesa de Dios: *"Y les aseguro que estaré con ustedes siempre, hasta el fin del mundo"* (Mt. 28:20). Los creyentes adoran y anuncian al que "viene y está" para discipular, fortalecer y acompañar en esperanza a todos sus fieles servidores. Jesús, vivo y presente en la reunión de los santos del reino, despierta a los profesantes del sueño paralizante de los afanes del mundo que posponen su comunión con él.

Como certeramente comenta la Biblia de la Reforma en torno al acto redentor de Dios en Cristo: "Por el perdón que Cristo ofrece por medio de su cuerpo y su sangre en su Santa Cena, le prepara a usted su lugar en el banquete celestial. El pan y el vino que usted prueba ahora le dan un anticipo del cielo. No permita que la Cena del Señor sea solo algo más que usted hace en la iglesia. Permanezca en la mesa del Señor, medite en sus bendiciones y su consuelo cantando himnos fieles. Hoy él está llamando a la puerta de su iglesia. Con gozo arrepentido, abra y cene con él en su banquete". (*Medite en Apocalipsis 3:19-22*).

## En memoria de Ti, una conclusión en moratoria

Esa es la Mesa y sus símbolos, un concluir para dar continuidad y sentido lógico a la existencia humana; frágil e incierta ante su propia naturaleza mortal. Sí, ante la mística del enigma del Señor de la Mesa, vestida con sus símbolos, emerge con la fuerza del Verbo el mensaje del amor, la expiación y la redención que reconcilia a todos los penitentes, quienes por la fe en Jesús y muerte expiatoria alcanzan el perdón inmerecido de sus pecados, recibiendo la justicia impartida de Dios a través de su acto de gracia. Sí, es desde la cumbre de la Mesa, centralizada por el Resucitado que da significado a los símbolos de vida, de donde brota la esencia del mensaje de la Cruz de Cristo, para penetrar la razón subyugada a sus límites que le consternan. Entonces es desde este misterio de la Mesa y su Señor en que el adorador penitente y humillado nutre su alma para sublimar y saciar sus más hondas necesidades del ser sediento de perdón.

Sí, la sed de la samaritana (Jn. 4:8-15), la sed del salmista (Sal. 42:1,2) y la sed del hombre a través de todos los tiempos; tu sed y la mía (sed del espíritu) alcanzan su saciedad en la intimidad y comunión con el Señor de la Mesa. Es desde este punto central de donde emerge el adorador, sostenido por la certeza de su fe liberadora, para extraer el Don de Dios; la gracia y el amor sanador y salvador de Cristo en gloria y presente en su Pueblo Redimido con su sangre. El drama pre-pascual de la Mesa del Señor con sus discípulos concentra el enigma profundo e indetectable de la sed de Dios, sed de perdón, sed de amor, sed de reconciliación, sed de justicia, sed de comunión. ¡Sed de Paz! En el inaudito y degradante patíbulo de la muerte de Jesús en la cruz, está el secreto de donde Dios sublima su sed de redención y liberación de su creación… Sed de restauración de su Obra Máxima: ¡El hombre!; un ser sin conclusión y en formación. Sed del Alfarero Eterno.

Ahora bien, concluir lo imposible de detener y claustrar dentro de los márgenes de la naturaleza mortal en regresión de los seres vivientes creados por Dios es flotar en el espacio infinito en un intento fallido por tocar el cielo de la nada. Es cerrarnos el camino que nos conduce al futuro presente de Dios. Es detenernos en el tiempo, fosilizando la esperanza, violando su naturaleza dinámica, paralizando la fe ante el hecho ya consumado por la muerte expiatoria de Jesús y su resurrección. Es existir sin vivir el infinito, profundidad inagotable de Dios.

Por eso, la última cena de Jesús junto a sus discípulos, en la justa frontera del fin de su existencia, es terminante. A un paso de su muerte en la cruz, horas de agonía y aproximación hacia la cumbre del proyecto del Padre: La redención del hombre y la derrota de los poderes de la muerte. El Verbo humanado sellaría con su sangre un Pacto de Reconciliación Eterna de Dios con su obra máxima: El hombre. Pero también Jesús, a unas horas de su muerte, marcaría el punto cumbre y de partida del Reino sempiterno del amor de Dios encarnado en vidas redimidas con su sangre. Reino que jamás será raído y substituido por la soberbia y maldad humana. Es en esta cumbre de cruz y de muerte vergonzosa de donde emerge un Reino Divino Insostenible y Eterno. Es en este punto de la historia del Verbo que irrumpe contra la miseria pecaminosa de la humanidad, de donde brota del polvo del pasado la voz profética del vocero de Dios cuando anunció con certeza escatológica: *"Se extenderán su soberanía y su paz, y no tendrán fin. Gobernará sobre el trono de David y sobre su reino, para establecerlo y sostenerlo con justicia y rectitud desde ahora y para siempre. Esto lo llevará a cabo el celo del Señor Todopoderoso"* (Isaías 9:7).

Desde esta perspectiva profética, se abre una ventana con un sentido de continuidad y eternidad, fuera de los límites del mundo. Esta visión cósmica de universalidad infinita toma objetividad histórica en la cena pre-pascual de Jesús con sus discípulos. La última cena, al final del camino con su grupo de mayor intimidad, en la antesala del acto vergonzoso y paradójico; anuncia la muerte injusta e inevitablemente necesaria del Hijo del hombre, el Cordero de Dios. Tiene que morir para derrocar los poderes de la muerte, dando movilidad contextual al proyecto redentor de Dios con el hombre. Esto "significa que ya antes de la Pascua, Jesús afirma, al menos materialmente, que 'su causa' sigue adelante" (*La historia de un viviente*, E. Schillebeeckx, pág. 294).

# En memoria de Ti, reto y vocación contextual

En la ausencia de su presencia celebramos y conmemoramos los desafíos del Señor de la Mesa, que vocacionan y demandan de los redimidos a ser símbolos visibles más allá de la zona cómoda del culto, sus ritos e individualidad. En la Fiesta de la Comunión de los Santos, unidos en el sentir del Espíritu del Señor, somos llamados y vocacionados a ser signos visibles y legibles del carácter e identidad de un pueblo, su misión y mensaje de la buena noticia del Evangelio del Reino de Dios a través de Los Odres Nuevos, en igualdad, servicio y hermandad fraternal, ¡Signos del amor encarnado, el Verbo!

*En la Mesa del Señor con sus discípulos se retoma conciencia del costo de la redención de la humanidad, su valor y significado para la paz entre los seres humanos y sus desafíos para los creyentes en el mundo posmoderno.*

Desde el signo inmortal de la Mesa, centralizada por el Señor de la Vida, sustancia absoluta del Evangelio del Reino, los redimidos son signos vivientes de resurrección, liberación y restauración; son voces de gratitud y esperanza. Caminan celebrando la vida, para sanar y levantar a los caídos con la fuerza del amor liberador de Dios. "En memoria de Ti" nos lleva al propósito de la muerte de Jesús en regresión, en un viaje de dolor y esperanza al pasado, donde la historia de la redención es el punto coyuntural de la encarnación, que une al presente infinito del reino nuevo del amor restaurador de Dios con el destino de la humanidad, abriendo la Puerta hacia la salvación desde el reino de los mortales. Las comunidades de fe en Jesús el Cristo no son el resultado de la imaginación filosófica de la razón en un intento por tocar el fruto del Cristo encarnado y resucitado, quien dio vida al pasado de la historia de un pueblo cuya fe en su Dios le dio sentido e identidad a su carácter y existencia; son marcas indelebles de la continuidad visibles del reino de Dios, e insumo de su proyecto de liberación y humanización del hombre caído. Por lo tanto, le dio un Nombre especial y una misión entre los nombres de los pueblos.

En la Mesa del Señor con sus discípulos se retoma conciencia del costo de la redención de la humanidad, su valor y significado para la paz entre los seres humanos y sus desafíos para los creyentes en el mundo posmoderno. Hoy más que nunca está en juego la precisión concentrada de la identidad del cristianismo. Cuando celebramos unidos la Cena, en comunión con el Señor, afirmamos y testificamos nuestra fidelidad y compromiso sólo a Él y su Reino de redimidos. En su presencia fortalecemos nuestra hermandad y el respeto que nos debemos como miembros dignos de su Cuerpo (La Iglesia Indivisible). Junto al Señor de la Cena, ratificamos y expresamos nuestra nueva conciencia evangélica y el llamado a la misión de ser testimonios vivientes de vida nueva en el mundo. Somos enviados desde la Mesa por el Señor a salir abriendo caminos de luz con la verdad del Verbo del Creador. Somos voces y signos de amor, justicia, reconciliación y paz entre los pueblos, invitando a otros a entrar por la Puerta estrecha del arrepentimiento hacia el reino de Dios: ¡Jesucristo!

Por lo tanto, El símbolo de la Mesa del Señor es un desafío contra todo exclusivismo denominacional institucional, sectarismo, o los llamados ministerios itinerantes, de individuos que desvirtúan la unidad y la paz entre los redimidos. Con su perversidad, fragmentan la unidad y la hermandad del Cuerpo articulado por el Señor de los santos, profanando con sus intereses y caprichos egoístas la universalidad indivisible del Reino de Dios. Es por lo que el símbolo de la Mesa del Señor da centralidad e identidad visible a la comunidad de los fieles reunidos en amor, gratitud y adoración. La unidad concéntrica de los profesantes de su fe común en el Señor que les convoca, confronta y denuncia a toda religiosidad individualista y fragmentaria del sectarismo flotante de los pequeños reinos de los hombres.

"En memoria de Ti" resume y canta el eco eterno de los símbolos pre-pascuales de la última comida del Señor con sus discípulos. Anuncia la muerte con propósito redentor de "el Pobre Solitario de Nazaret", y denuncia e invalida toda arrogancia y falsedad religiosa de la mercadería de los caudillos y apóstoles de las neo-religiones del posmodernismo. Son perversos profanadores de la unidad y hermandad de los fieles del Reino Nuevo de Dios, totalmente faltos de la intimidad con el Señor, su propósito y vocación.

La Mesa del Señor condena el sincretismo religioso y anuncia con sus símbolos la muerte espiratoria y redentora del Hijo del hombre. No es un mero rito personal, sino el medio instituido por el Señor para mantener la unidad y comunión de los fieles con corazones limpios y para manifestar el sentir e intensión del propósito escatológico de Dios en Jesucristo; *"para llevarlo a cabo cuando se cumpla el tiempo: reunir en él, todas las cosas, tanto las del cielo como las de la tierra"* (Ef. 1:10).

Dividir o desmembrar el Cuerpo de Cristo es un pecado de muerte y un acto satánico contra la visión de Dios con su pueblo en el devenir de los tiempos. Podemos ser una estrella distante, pero no solitaria.

Esto nos advierte que celebrar la Cena del Señor sin el sentir de la manifestación de la unidad del Espíritu Santo es un ridículo público y contradictorio al propósito santo de Dios. Una payasada cúltica de las muchas que cautivan a los ignorantes de las religiones ridículas modernas. Una Cena sin unidad, hermandad, comunión, perdón, reconciliación y disposición del corazón a la voluntad y propósito de Dios no tiene valor espiritual y es una profanación a la dignidad y presencia del Señor. Sencillamente es una fiesta de enmascarados, vestidos de piedad y perdidos en sus propias sombras sin orientación definida. La simbología de la Mesa del Señor, como acto cristológico y escatológico, representa un papel central e importante en la vida, continuidad evangélica, identidad y transparencia del cristianismo. Nos conecta con la visión de la historia de Dios, presente en el desarrollo humano, dando sentido y relevancia al hoy; trazando un camino claro hacia el futuro abstracto. Ante este futuro y desafío de la Mesa, no estamos ciegos o desorientados, la voz del Verbo conduce nuestro caminar en esperanza y certeza. Como comunidad de la Mesa del Señor, nos movemos en la luz de la Palabra, dando pasos ciertos en el disfrute del Don preciado de la Vida centrada bajo la soberanía del Dios invisible y presente en su pueblo.

Son muy pocas las comunidades reunida en hermandad junto al Señor de la Mesa y sus símbolos, recordando el costo de la redención del hombre. En muchos este es un acto esporádico, e inoperante en concertar la unidad e integración de la comunidad como cuerpo y expresión de la presencia y centro del señorío de Jesús, Cordero de Dios que quita el pecado del mundo (tu pecado, mi pecado y el pecado de todos). Jesús, con su entrega de muerte vicaria y expiatoria, cierra el abismo que nos separa del Padre, convirtiéndose en nuestro Mediador para presentarnos ante Dios justificados. Todo penitente arrepentido, convertido y justificado con la sangre derramada del Cordero inmolado en la cruz para expiación de nuestros pecados, no evade la Mesa de los santos. Solo así emergemos de las profundidades de las tinieblas aterradoras de la muerte, a la vida nueva, reconciliados con el Creador, quien nos injerta a su pueblo, dentro de la jurisdicción y santidad de su Cuerpo, para signos de paz y vida eterna entre los mortales.

Vivimos en el inmensurable océano de información, entre símbolos representativos de todo tipo de corrientes filosóficas, metafísicas, soteriológicas, políticas, comerciales y religiosas. *¿Cómo ser auténticos?*

Todas usan los medios más sofisticados y sublimantes para vender sus ideas, propósitos e intenciones, para alcanzar el fin de su mercadería humana. Pero, aun así, el mundo está enajenado y desinformado del mensaje medular de la revelación de Dios en la persona de nuestro Señor Jesucristo. Un mundo apático, confundido y sin brújula teológica, cristológica y bíblica. Dentro de este contexto de confusión existencial, el cristianismo moderno es un desacierto más, parchado de nombres, doctrinas, dogmas y pobreza evangélica. Solo Jesús es el paradigma que, con precisión ontológica y soteriológica, es modelo orientador de la vida balanceada y plena en perfecta intimidad y armonía con el Padre. Sin Él todo intento humano de búsqueda y acercamiento a Dios es engañoso, inútil e imposible. Jesús es la fuerza magnética y divina que mueve y orienta el alma con certeza hacia un encuentro con el Padre presente en Él; plenitud de su gloria y amor perfecto. En Jesús está la síntesis que simplifica el camino hacia el conocimiento de La Verdad Redentora del Verbo, purificador de corazones y liberador de almas encadenadas a sus íntimos engaños y errores. Dios encarnado en Jesús cruza con su Verbo la frontera pecaminosa del mundo, para llegar a las profundidades del ser de los mortales, y así saciar el alma sedienta de liberación y perdón, convirtiéndose en servidor y dador de gracia a todos los que le creen, aceptan y le confiesan como Señor Salvador. Con su muerte y su sangre de redención y reconciliación entre Dios, su Padre, y la humanidad, es Jesús el Cordero Inmolado y puente de gracia para expiación de los pecados del mundo.

Reconocerlo y creer en Él es entrar al camino de la auto negación y el servicio libre de intereses y egoísmo humano. Como dice E. Schillebeeckx en su libro *Jesús, la historia de un viviente*, "hay que reconocer históricamente que Jesús, ante su muerte, ofrece a sus discípulos la copa de comunión; esto es signo de que no aceptó la muerte de una forma meramente pasiva, sino que la integró activamente dentro de su misión global; en otras palabras, es un signo que comprendió, y vivió su muerte como servicio último y supremo a la causa de Dios en cuanto a causa del hombre y de que comunicó esta convicción a sus discípulos más íntimos bajo el signo velado de la comunidad de la Mesa" (Pág. 284).

Ante el Resucitado y su Mesa vestida de memorias pascuales de redención, dolor y reconciliación, y ante la puerta estrecha del perdón, nos despojamos y preguntamos:

*¿Qué somos individual y colectivamente?*

*¿Qué lugar ocupa la Mesa del Pacto en la vida cúltica de la comunidad de profesantes que pretenden ser miembros del Cuerpo de Cristo, la Iglesia?*

*¿Qué domina y determina nuestra fe, pensamientos, sentimientos, disponibilidades, convicciones, prioridades y motivos para vivir?*

*¿Qué cambios y ajustes estamos dispuesto a hacer ante los reclamos del Señor y su Mesa?*

Cada pregunta confronta, demanda, educa y libera… Tú tienes las respuestas.

# CAPÍTULO 2

# ¡Gracias, Cordero de Dios!

*"El siguiente día Juan vio a Jesús que se acercaba a él, y dijo: '¡Aquí tienen al Cordero de Dios, que quita el pecado del mundo! De éste hablaba yo cuando dije: Después de mí viene un varón que es superior a mí, porque existía antes que yo"* (Juan 1:29,30).

De un aparente alago a una sentencia de muerte: *"¡Aquí tienen el Cordero de Dios, que quita el pecado del mundo!"*... (Juan 1:29). Del silencio de su enigma sale Jesús para enfrentarse con la declaración del fin trágico de su destino. Ahora es Dios quien presenta ante el santuario profanado de su creación al más santo de todos los seres creados, a Jesús como Cordero sacrificial, para abrir una brecha nueva de comunicación con la humanidad herida y condenada a muerte por su propio pecado. Como dice el apóstol Pablo: *"Al que no conoció pecado, por nosotros lo hizo pecado, para que nosotros fuésemos hechos justicia de Dios en él"* (2 Co. 5:21).

La sentencia de muerte que brotó de los labios del predicador ambulante Juan el Bautista tuvo que agitar los sentimientos inéditos más hondos en el corazón del solitario, enigmático y silencioso Jesús el Carpintero. Las palabras del bautizador, como lanzas agudas y amargas, cayeron sobre el alma del solitario nazareno, movido por el misterio y la certeza de su intimidad dialogal con Dios el Padre.

Dice el rústico precursor ante la figura enigmática y silenciosa de Jesús: *"He ahí el Cordero de Dios"*. Con su voz rústica, tajante y vacía de ternura y sensibilidad humana, como el hacha que hiere sin piedad el tronco del árbol de la vida, sacude la humanidad de Jesús con la certera afirmación que lo develó en el crono perfecto del propósito y finalidad vocacional de Dios con el Hijo del Hombre. Sentencia que lo arropa con el fin lóbrego y fatalista de su existencia. Pero también revestido con la autoridad y el poder divino de su Padre. Poder que le invistió con la autoconciencia que emanaba de su divinidad inherente sustancialmente con el Padre, Creador y Señor soberano de la vida y de todo lo creado, visible e invisible. Esto quedó demostrado, contraponiendo su poder y dominio, contra todo poder y miseria física del hombre, pero también con la autoridad absoluta de liberar a los mortales del yugo de sus conciencias esclavizadas a su naturaleza pecaminosa. Esto quedó aún más demostrado cuando unos hombres vencieron obstáculos humanos y físicos para poner a un paralítico ante la mirada liberadora y compasiva de Jesús, que *"al ver la fe de ellos, Jesús dijo: Amigo, tus pecados quedan perdonados"* (Lucas 5:20). Ante la crítica e incredulidad de los fariseos y maestros de la ley, que lo juzgaron de blasfemo, Jesús se dirigió al paralítico, y con toda la autoridad del Padre le dijo al paralítico y a los incrédulos: *"Pues para que sepan que el Hijo del Hombre tiene autoridad en la tierra para perdonar pecados"*. Se dirigió al paralítico: *"A ti te digo, levántate, toma tu camilla y vete a tu casa"* (v.24). Esto cambió la realidad de un hombre caído.

Es Jesús sustancia visible, histórica y objetiva del Dios invisible, plenitud de sus atributos eternos. En él nuestra fe se define y libera para entrar a la dimensión del Espíritu del Verbo; encontrando sentido existencial al hombre degradado por el pecado. El amor incondicional y sacrificial del Cordero Vicario del Creador: perdona, sana, libera, levanta y reconcilia con su muerte en la cruz a un mundo pródigo, soberbio y caído. Es Jesús el Cordero Inmolado sobre el madero maldito que con su muerte vicaria abre la única brecha de justicia y reconciliación del hombre con el hombre y su Creador. Solo a través del Cordero crucificado podemos vivir en el fututo promisorio de Dios, para tocar con nuestra fe solo en él el punto más alto de reivindicación y dignidad humana: La intimidad de la Paz eterna del Creador.

Dios mismo protagoniza y propicia su auto liberación y paz con el hombre. Así el apóstol Pablo teologiza el efecto dual de la muerte de Jesús como Cordero inmolado de Dios, cuando dice: *"Todo esto proviene de Dios, quien por medio de Cristo nos reconcilió consigo mismo y nos dio el ministerio de la reconciliación: esto es, que en Cristo, Dios estaba reconciliando al mundo consigo mismo, no tomándole en cuenta sus pecados y encargándonos a nosotros el mensaje de la reconciliación"* (2 Co. 5:18-19).

La sangre derramada por el Cordero de Dios, sacrificado sobre el madero vergonzoso de los condenados por sus actos criminales y rebeldes contra el sistema corrupto y opresor de los romanos y la religión judía, ciega y degradada ante la verdad encarnada y manifestada por Dios en Jesús, despliega un caudal de beneficios eternos, patentes y disponibles para toda la humanidad y creación. Este acto de auto entrega radical de la vida por la vida para dar vida define y patentiza la misión indesplazable de todos los llamados y vocacionados para ser luminares de paz, amor, justicia y compasión entre los pueblos. Somos llamados para vivir bajo la cobertura del sello redentor de la sangre expiatoria del Cordero Pascual de Dios, que nos engendra e injerta a su reino sempiterno, existente en todos los tiempos del devenir eterno de la vida en todas sus manifestaciones. La cobertura de la sangre expiatoria de Jesús como Cordero Sacrificado de Dios nos engendra como hijos reconciliados con el Padre (Juan 1:11-13), para vivir en novedad de vida comunitaria bajo la armonía y presencia regeneradora y conciliatoria del Espíritu del Verbo Creador hecho humano en Jesús. Este misterio revelado y delegado a cada ciclo generacional nos desafía a celebrar la vida libre de los temores de la muerte, encarnado el amor salvador de Dios como portadores de la gran noticia celestial. Nos comisiona a su Reino para liberar y levantar a los caídos hacia las alturas de la gracia y el amor de Dios, que nos configura y transforma para vivir y celebrar el valor indesplazable de la vida como gente regenerada, de corazones limpios y pensamientos renovados; para resaltar su grandeza, su mansedumbre, su compasión, su humildad y la imparcialidad de su amor y justicia (*cf. 1P 2:4-12; Fil 2:2-11*).

Este testimonio legado, anunciado por Juan el Bautista y redactado por el apóstol Juan: *"Aquí tienen al Cordero de Dios que quita el Pecado del Mundo"* (Juan 1:29), da vida a las cuerdas inertes en el alma del compositor Andrés González, como adorador y pastor de rebaños. Desde el fondo de su mente cristológica y pastor de rebaño emergen pensamientos, palabras y notas musicales para dar honor al Cordero de Dios, abriendo el camino estrecho de redención y libertad para el hombre caído y degradado por su pecaminosidad de rebeliones y derroches de la vida manchada por su egoísmo y lucha prejuiciosas y premeditadas.

"Gracias, Cordero de Dios", concentra la gratitud del pastor-cantor, con notas musicales que destilan esperanza y dan honor al Cordero de Dios crucificado para el bien común de la humanidad y la creación. El cántico enfatiza el poder salvador de Dios, quien se compadece de los que sufren los efectos inhumanos de la injusticia implacable del hombre en desgracia y desdichas por los efectos degradadores de su propio pecado. Ante esta realidad de condenación y muerte, Dios mismo, con la fuerza total de la plenitud de su amor sanador, responde y provee el medio cruel e inhumado, dando en muerte de cruz a su Unigénito Hijo, Jesús, el Cordero perfecto.

Las virtudes concentradas en la Verdad articulada por el cántico "Gracias, Cordero de Dios", nos invita introspectivamente a tomar conciencia del valor y las implicaciones eternas de la muerte trágica de Jesús, Cordero fiel y obediente al Padre, quien sublima en él (Jesús) su reconciliación con el hombre. El cántico y su muerte nos mueve a la gratitud y al servicio consagrado por el bien de muchos, "dando por gracia lo que por gracia hemos recibido".

## Gracias, Cordero de Dios

*Jesús murió en mi lugar*
*Mi castigo mortal él tomó;*
*Él es el Cordero Pascual;*
*Y su amor sin igual él mostró,*
*Él me da vida,*
*El Poder de la muerte*
*No podrá señorear;*
*Él me da vida,*
*El Poder de su sangre,*
*Me da libertad*

*Coro*

*/Gracias Cordero de Dios/*
*Por tu salvación.*
*/Gracias Cordero de Dios/*
*Por tu redención.*
  Autor: Andrés González

La historia siempre nueva de la interacción de Dios siempre presente dentro de las realidades del hombre y sus circunstancias, nos reta a salir al camino cotidiano para construir y fraguar una conciencia compacta y sólida del acto salvador y reconciliador protagonizado por el Cordero inmolado en el madero, patíbulo de muerte para los insurrectos e instigadores sociales contra la supremacía política y económica del gobierno imperial romano, y por otro lado, la soberbia de la desatinada religión del judaísmo. Esto es, una humanidad enmarcada por los límites existenciales de su naturaleza finita vulnerable y mortal. Pero también movida por la fuerza imparable de la vida, soplo eterno que dio lugar a la evolución de la razón y el pensamiento, causal del fin de la soledad y silencio del Creador, anónimo en su infinito y presente en la esperanza de ver cumplida y encarnada la promesa de un Mesías Libertador, hoy rechazado por muchos, que trastocan y adulteran su propósito redentor y la universalidad soteriológica de su muerte como vicario de Dios. Jesús, el Cordero de Dios, vive y está presente como fundamento, sustancia de la fe y la esperanza de billones de creyentes que creen en los alcances insuperables de la magnitud de su obra redentora de reconciliación y liberación, por la justicia impartida como méritos de su acto de gracia y amor inmerecido.

De la injusticia inmerecida como efecto de la muerte sacrificial arremetida contra el Hijo del Hombre, hasta la saciedad infinita del sacrilegio del hombre degradado y consumido por su maldad, brotó la paz y el amor sanador del Creador, Señor soberano de la vida y la muerte. Ante el Codero de Dios, maldito y sangrante por la cruz de nuestras rebeliones, nos desnudamos frente a nuestra propia culpa y vergüenza. Caemos de rodillas con el rostro sobre el polvo de todas las bajezas humanas, para exhalar un grito de gratitud y arrepentimiento: ¡Gracias Cordero de Dios por tu bendición! ¡Gracias Cordero de Dios por mi redención! Es como oír el cántico del salmista en el capítulo 103:1-14, tomando conciencia de todos los beneficios adquiridos del Cordero Vicario de Dios, sacrificado para justicia y bienestar de toda su creación. Es imposible retener en el fondo del alma redimida por la sangre del Cordero Sacrificial el grito de gratitud y alabanza por los favores injustamente otorgados al mundo pecador: *"Alaba alma mía al Señor; alabe todo mi ser su santo nombre. Alaba alma mía al Señor y no olvides ninguno de sus beneficios"* (Salmos 103:1-2). Sus notas destilan humillación, gratitud y alabanza por la manera tan insuperable que nos ama (Juan 3:16). De gratitud, porque su alma danza al ritmo del Espíritu del Redentor, ¡gozo de Dios reconciliado consigo mismo! De alabanza y

> Cuando Juan el Bautista señala a Jesús como el Cordero de Dios para expiación de los pecados de la humanidad y como medio de reconciliación entre Dios y el hombre, enciende la llama de la esperanza cansada en la conciencia de los oyentes.

esperanza, porque en virtud de su muerte expiatoria la paz y el perdón reconciliador son cuerdas eternas que jamás dejarán de sonar y anunciar la reconciliación y sanidad para todos los pueblos. Su justicia corre como manantial de vida para saciar la sed espiritual, como efecto del pecado y causante del abismo que separa el alma del penitente del Creador y Señor de su existencia.

La muerte de Jesús, el Hijo del Hombre, no fue una muerte más entre los tantos insurrectos y criminales sentenciados a la pena capital romana por sus actos delictivos y criminales. Tanto Juan el Bautizador, la institucionalizada religión del judaísmo, como el sistema imperial romano, no tenían el más remoto conocimiento del significado soteriológico, existencial y eterno de la muerte injusta del enigmático solitario: Jesús, el hijo de María y José, según lo comentan el evangelio de Mateo y Lucas.

Cuando Juan el Bautista señala a Jesús como el Cordero de Dios para expiación de los pecados de la humanidad y como medio de reconciliación entre Dios y el hombre, enciende la llama de la esperanza cansada en la conciencia de los oyentes. Pero también consterna y conmueve las fibras humanas del introvertido enigmático caminante de Nazaret, por las implicaciones y consecuencias de la dureza y perversidad del final trágico de su corta existencia. Tal título, "Cordero de Dios", puso a Jesús en la brecha estrecha de la humillación, en un ambiente de intrigas, curiosidad, expectativas y reflexión en los oyentes. La comunidad judía, acostumbrada a la rutina religiosa del ritual tradicional del sacrificio de corderos para la liberación de sus culpas y ofensas contra los estatutos y leyes impuestas como exigencias de su cultura religiosa (supuestamente recibidas de parte de Dios por mediación de los profetas), retoma sus expectativas de la llegada de un libertador, aunque la declaración del bautizador son contradictorias a la luz de las creencias proféticas de su religión. La declaración de Jesús como Cordero de Dios lo concreta y devela con el rol mesiánico latente en la vida religiosa del judaísmo, contenido especialmente en el cuarto cántico del Siervo del Señor, en el libro del profeta Isaías, quien describe con precisión ontológica y sobrenatural el propósito crudo de Jesús como Cordero de Dios, destacando su elección, visión y destino humillante. Pero también la gloria y desenlace de su destino, que le coronaría como Señor absoluto, cuyo nombre y señorío estaría sobre todo nombre *(cf. Isaías 52:13-15; 53:1-12 y Comp. Fil: 2:1-11).*

> *"Pero el Señor quiso quebrantarlo y hacerlo sufrir y como él ofreció su vida en expiación, verá su descendencia y prolongará sus días, y llevará a cabo la voluntad del Señor. Después de su sufrimiento, verá la luz y quedará satisfecho; por su conocimiento mi siervo justo justificará a muchos, y cargará con las iniquidades de ellos"* (Isaías 53:10,11).

El Dr. Samuel Pagán, en su libro *Experimentado en quebrantos* (Estudio "En los cánticos del siervo del Señor"), hace una contribución de excelencia y altura académica, pero también de profunda sensibilidad espiritual y contextual, para solidificación y estabilidad teológica y bíblica del cristianismo inmerso en el mundo postmoderno altamente secular, pluralista y sincrético. Dice que "los pueblo y sus monarcas no pueden creer que un libertador deba sufrir tanta humillación para contribuir a la redención de la humanidad. El asombro los embarga, la incredulidad les desafía la admiración los inquieta" (Pág. 122). Dios se ha propuesto liberar a su pueblo del cautiverio político y de la alienación religiosa, para convertirlos en verdaderos siervos de la humanidad. Este tema también se manifiesta con vigor y de forma extraordinaria en los capítulos previos al "Cántico del siervo" (Isaías, capítulos 49-52).

El Dr. Pagán comenta con certera sensibilidad pastoral y muy bien integrado a su capacidad de profundo conocedor de las ciencias bíblicas cuando dice: "La imagen es pastoral: como las ovejas se desorientan y vagan herradas, Israel y las naciones caminarán sin sentido de dirección hacia consecuencias nefastas y adversas. Únicamente la intervención de su Buen Pastor es capaz de reorientar las ovejas y llevarlas sanas al redil; y así el Señor, mediante los sacrificios y humillación del Siervo, logrará su propósito restaurador con la humanidad" (*Experimentado en quebrantos*, pág. 126).

Este tema del siervo sufriente y su destino trágico es inaudito e inaceptable para el ideal ideológico y las expectativas mesiánicas del judaísmo. Para el judaísmo y su visión de un mesianismo político, liberador y acaparador del poder, como su ambición de dominio y control sobre todo, la imagen que presenta Isaías 53 del siervo sufriente es inconcebible con sus expectativas de un mesianismo caudillista. Para un judío claro y firme en cuanto su identidad y religión monoteísta, su historia, su fe y autoconciencia de su elección como pueblo escogido por el Dios de sus antepasados, es ilógico, inaceptable, creer y procesar la imagen mesiánica trágica del siervo sufriente contenida en Isaías 53. Es un destino fatalista que no llena las expectativas del caudillo liberador esperado. Mitch Glaser (judío) es un eco del rechazo de la imagen mesiánica fatalista contenida en el mensaje de Isaías 53. Dice Glaser en su libro *Isaih 53 Explained*: "You will never get me, to believe that unless you demostrate it me, from within the jewish world. Show it to me, from our own sacred writing, and then I will look at it closely. Dont quote the new testamente to me" (Glaser, Mitch *Isaih 53 Explained*; introduction, page 11; 2010 por *Chosen People Production*).

"Gracias, Cordero de Dios" no es un cántico para alimentar la utopía hedonista de las religiones y sus oráculos cúlticos, que ofrecen un paraíso para escapar del sufrimiento, el dolor y, en última instancia, evadir exponer la vida hasta perderla como consecuencia de nuestra obediencia radical e incondicional a Dios y su proyecto liberador. Es un cántico que huele a dolor, sufrimiento y muerte... pero también contiene el olor grato de la fe, la esperanza y el amor del que nos ha llamado a la vocación santa de ser luz y verdad transformadora en el mundo. Conscientes del costo y los altos riesgos, respondemos a la voz del Pastor Eterno que sucumbió como Cordero Inmolado para nuestra redención; pero el poder del Padre lo resucitó para garantía eterna de la vida; por esto, la objetividad teológica y pastoral del Dr. Pagán nos pone en el camino donde se viven las altas consecuencias como costo y efectos de ser voceros del Dios que habita en el corazón de su pueblo y repudia las injusticias de la maldad que degrada la humanidad: su pecado.

Una nueva era desbalanceada de bienestar, prosperidad y usurpación de los derechos de los más desventajados es cúpula de injusticia aplastadora sobre los pueblos incipientes y oprimidos. Solo unos pocos (1% de la masa humana) acaparan, amasan y usurpan con sutileza y apariencia de honestidad, los recursos y riquezas para sus propias ambiciones desmedidas. El resto, la gran masa humana de producción para llenar los "graneros" de los ricos poderosos, es materia prima sin voz, esclavizada para garantizar las ambiciones del poder político, bélico y económico de los ricos usurpadores sin escrúpulos y respeto a la vida… y mucho menos temor a Dios. Ante esta cruda realidad social, es inútil evadir las preguntas:

¿Dónde está la voz del cristianismo, supuestamente fruto de los sufrimientos, el dolor y la muerte injusta del Siervo del Señor?

¿Cómo entendemos y nos aplicamos el desafío de Jesús y su visión nueva de las relaciones humanas, cuando dice que: "Porque les digo a ustedes que no van a entrar en el reino de los cielos a menos que su justicia supere a la de los fariseos y de los maestros de la ley" (Mateo 5:20)?

¿Qué valor e implicaciones tiene la muerte y sacrificio del Cordero de Dios contra las estructuras de poder e injusticia que hoy oprimen a los pueblos?

¿Para qué sirve la Iglesia Institucional y donde vemos su pastoral liberadora?

Estas preguntas y otras han de incomodar el pensamiento o despertar la curiosidad dormida de muchos, ante un cristianismo impertinente e indiferente ante la injusticia, desigualdad y el dolor de los oprimidos.

Sin embargo, en la respuesta del Dr. Pagán ante el sufrimiento, injusticia y humillación del Siervo del Señor en su carácter vocacional y la afirmación inflexible de su rostro hacia el cumplimiento obediente de los propósitos de su misión, nos desafía a evaluar la ejecutoria de nuestra misión. Como individuos y comunidades de fe y testimonio ante el mundo, el Siervo del Señor no se intimida ante la agudeza profunda causada por el dolor y la muerte injusta y humillante. Expone su vida para dar vida y resucitar la esperanza de los oprimidos por las estructuras del poder inhumano. Se entrega con determinación y seguridad en el Señor que le vocacionó. Su altura y transparencia moral en la obediencia y ejecutoría de su deber nos confronta ante la licuada religiosidad clasista y moderna, empresarial y materialista de los imperios de la religión, atemperada por la pluralidad del neo pensamiento del siglo XXI. Según el Dr. Samuel Pagán, "El Siervo no se veía a sí mismo como una víctima más de las injusticias de la vida. Posiblemente el Siervo entendía su misión a la luz de la voluntad divina que le impelía a enfrentar el sufrimiento y el martirio con sentido de misión (Isaías 53:10). Y como su humillación era parte del propósito de Dios para la humanidad, se acercaba al dolor y a la muerte con confianza y mucha seguridad. Estaba seguro de que el sufrimiento por el pueblo traería consecuencias positivas para la humanidad (Isaías 52:15)" (*Experimentado en quebrantos*, pág. 127). Este modelo de los llamados y vocacionados a dar la vida por el proyecto del reino nuevo de Dios en Jesucristo para ganarla cuando la vivimos con excelencia, humildad y servicio desprendido en pro de los derechos de los oprimidos, como signos y voceros que denuncian la maldad en todas sus manifestaciones demoníacas, está ausente de los púlpitos y las conciencias del cristianismo postmoderno. Se oyen buenas piezas de retórica académica con una teología moldeada y determinada por el pensamiento pluralista del sincretismo institucional, pero muy distante del pensamiento cristológico, característico del pensamiento paulino y normalizador de la conducta de los creyentes en todos sus tiempos generacionales.

Ya la cristiandad no es "nueva levadura", de la levadura que descendió del cielo para transformar y preservar con la verdad al mundo en decadencia moral y espiritual, en este presente que vivimos, sin orientación definida de su fe; es el postmodernismo de la neo eclesiología secular y humanista lo que dicta y configura una cosa llamada "iglesia", cuyo pensamiento responde a la nueva humanidad desarrollada a imagen del hombre distante de la imagen de Jesús, el Cordero inmolado para salvación y reconciliación con la humanidad.

*¿Será posible la vigencia de este proyecto e intento de regeneración del hombre?*

*¿Será posible pagar el costo de retomar el modelo de Jesús que dio su vida en expiación por los pecados del hombre para exaltar el valor divino de la vida, don supremo del Creador?*

*¿Qué importancia tiene Jesús como Cordero de Dios Inmolado para la restauración y regeneración del hombre caído en este Siglo XXI?*

*¿Es la muerte de Jesús como Cordero de Dios un sacrificio obsoleto para la era postmoderna de la humanidad?*

*¿Sobre qué nuevos valores y principios se fundamenta hoy la fe y destino de la humanidad?*

El tiempo pasa, así la existencia con sus culturas, sus retos, ceremonias, creencias y religiones. Mueren los imperios del hombre y sus reinos vestidos de soberbia, injusticias y pobreza. En fin, todo pasa, dejando huellas sepultadas en las profundidades del polvo de la fragilidad y el orgullo humano. Contra la fragilidad de su propio tiempo veloz, el hombre, impotente ante la cortina oscura de su destino mortal, queda paralizado ante la sentencia imparcial y justa de su efímera humanidad. Ante esta realidad lóbrega e indoblegable de su propia fragilidad humana, el texto escritural de la esperanza de un pueblo en quebrantos es la voz del profeta Isaías (Is. 53:1-12), quien nos presenta el lienzo del dolor, donde imprime la imagen ignorada, vejada y ultrajada del Cordero de Dios; paradoja ante la esperanza de un pueblo en opresión y exilio a consecuencias de sus rebeliones y pecados. Pero también el título contiene la sentencia cuyas implicaciones teológicas y soteriológicas superan la insinuación del bautizador y la imaginación de

> Cuando preguntamos y escudriñamos el texto escritural, entramos al camino del conocimiento que nos conduce a la libertad del ser y la liberación del alma en brazos de la verdad.

los oyentes. Es manifestación y cumplimiento de la añeja visión mesiánica, latente en la esperanza de un pueblo. Visión inconcebible e inaudita para el judaísmo de todos los tiempos.

El drama es profundo, y consternador cuando el dedo del bautizador ambulante señala a Jesús como el Cordero de Dios, afirmación que trastoca la visión e imagen desarticulada de la esperanza político-religiosa de un mesías guerrero y libertador que les devolvería la hegemonía política con todas sus ambiciones de soberanía cultural-religiosa suprimidas por el imperialismo romano y a través de su historia por otros imperios posteriores.

W. Barclay, en su comentario *Según San Juan*, volumen I, reflexiona de manera indagatoria sobre el señalamiento del bautizador que declaró a Jesús como el Cordero de Dios. En lo personal, me cuido de no dejar correr desbocadamente mi imaginación ponderando especulaciones sobre lo que no he visto, oído, tocado y analizado responsablemente. Creo en el principio de nuestra historia que afirma: "Donde la Biblia habla, hablamos; y donde la Biblia calla, callamos". Pero también Jesús mismo nos insta a escudriñar las Escrituras para que no seamos víctimas ignorantes de las superficialidades doctrinales de las religiones. Por esta razón, me limitaré a mencionar solo tres de las posibilidades que comenta Barclay sobre qué movió a Juan el Bautista al ver a Jesús, señalándolo como el Cordero de Dios. Pero también la pregunta inteligentemente inquisitiva ante el texto, de ¿si fue así o no fue así? Preguntar no es pecado y mucho menos, dudar.

Cuando preguntamos y escudriñamos el texto escritural, entramos al camino del conocimiento que nos conduce a la libertad del ser y la liberación del alma en brazos de la verdad. Entonces, volvemos a la pregunta: ¿Que tenía en mente Juan el bautizador cuando señaló a Jesús como Cordero de Dios? Consideremos lo que Barclay dice:

La tradicional fiesta judía de la Pascua estaba próxima a acontecer. Con esta celebración cultural, los judíos recordaban cómo la sangre del cordero sacrificado protegió las casas de las familias israelitas, en particular el primogénito, de no morir por el "ángel de la muerte". Ellos debían pintar los marcos de la puerta de cada casa con la sangre del cordero inmolado. De esta forma el ángel de la muerte pasaría, y al ver la sangre, el hijo mayor sería salvo de morir. Infiere Barclay que "cuando Juan vio a Jesús, pasaban rebaños de corderos conducidos desde las zonas rurales hacia Jerusalén, para ser sacrificados en el templo en la fiesta de la Pascua" (cf. Éxodo 12:11,13). Algunos sugieren, cruzando las líneas del silencio de la historia bañada de especulaciones, que al ver a Jesús el predicador ambulante del desierto, pasaban mercaderes de corderos para ser vendidos para los sacrificios pascuales, y ante la tradicional escena reacciona y dice: "He ahí el verdadero sacrificio que puede liberarlos de la muerte".

Las reflexiones ante el testimonio de las comunidades que honraban las memorias de la muerte de Jesús dieron sentido teológico y salvífico a la muerte del nazareno. En particular fue el apóstol Pablo quien agudizó una interpretación afirmativa y correctiva, exhortando a los primeros creyentes a definir su fe, conducta y pensamiento con una convivencia en consonancia con la nueva naturaleza de la nueva humanidad redimida con la sangre del Cordero de Dios, Jesús:

> *"Desháganse de la vieja levadura para que sean masa nueva, panes sin levadura, como lo son en realidad. Porque Cristo, nuestro Cordero pascual, ya ha sido sacrificado. Así que celebremos nuestra Pascua no con la vieja levadura, que es la malicia y la perversidad, sino con pan sin levadura, que es la sinceridad y la verdad"* (1 Co. 5:7,8).

La muerte sacrificial y expiatoria de Jesús como Cordero de Dios sobre el madero maldito (la Cruz) abre la ruta y el medio divino hacia la cumbre eterna para la liberación del hombre. Es Jesús en su muerte medio sublimador de nuestra sed de libertad y comunión con el Dios Creador. Dios mismo asume el alto costo como Cordero pascual del sacrificio, para liberación y reconciliación con el hombre (humanidad). Por este medio Dios, liberándose a sí mismo, libera al hombre, y así regresa a su Paz con éste por mediación de Jesús como Cordero Inmolado. Por tanto, la liberación del hombre por Jesús crucificado nos pone frente a la paz del Padre, nuestra paz, Cristo. Este enfoque lo expone con sencillez y profundidad teológica Barclay, cuando afirma: "Hay una liberación que solo podemos obtener a través de Jesucristo" (cf. Barclay W., *Evangelio según San Juan* 1:30-34; 8:36), Este es un tema fundamental para configurar e integrar el pensamiento teológico del cristianismo desbandado de nuestra época postmoderna, colapsando, impertinente y disfuncional por sus propias realidades sectarias y divisiones. Por consiguiente, es urgente que las comunidades de fe en el acto redentor de Jesús regresen a la médula de la encarnación y propósito del Verbo Redentor, para extraer del sacrificio del Cordero de Dios la sustancia y finalidad de su encarnación como acto de amor universal. Sobre todo, retomar la visión inclusiva que alcanza a todo el género humano; pero aún más, a la Creación.

Señala el comentarista Barclay que tanto Jeremías como Isaías tuvieron "la visión profética sobre alguien que redimirá a su pueblo mediante su sufrimiento y sacrificio". Jeremías se adelanta al crudo momento que marcó el punto cumbre de la redención humana: *"pero yo era como un manso cordero que es llevado al matadero"* (Jeremías 11:19a). Isaías toca y describe el fondo crudo del dolor y destino nefasto de alguien que sería ultrajado hasta lo sumo: *"Despreciado y rechazado por los hombres, varón de dolores, hecho para el sufrimiento. Todos evitaban mirarlo; fue despreciado, y no lo estimamos. Ciertamente él cargó con nuestras enfermedades y soportó nuestros dolores, pero nosotros lo consideramos herido, golpeado por Dios, y humillado"* (Isaías 53:3,4). Es evidente y admirable cómo el profeta Isaías, posiblemente ajeno de las implicaciones y trascendencia salvífica y teológica de su mensaje, plasma el cuadro bestial y consternador del Cordero pascual y su universalidad mesiánica. De forma visionaria traza el camino y destino trágico del Siervo sufriente y obediente hasta lo sumo de su llamado y vocación: Su muerte expiatoria en sustitución de la pecaminosidad humana como acto sanador y liberador. Así lo resalta el profeta: *"Él fue traspasado por nuestras rebeliones, y molido por nuestras iniquidades; sobre él recayó el castigo, precio de nuestra paz, y gracias a sus heridas fuimos sanado"* (Isaías 53:5). Son palabras que nos conducen ante el crudo e inhumano cuadro de la bestialidad del hombre insensible y ciego ante la gran verdad del valor divino de la vida como don sagrado, fruto del amor de Dios. Palabras que nos despiertan ante la obra máxima pintada e imborrable sobre un lienzo de humillación y desprecios, donde el justo y santo Hijo del Señor de la vida, abandonado sobre la cruz de los malditos, se ofrece como Cordero del Sacrificio Inclusivo, para redención y liberación del hombre. El cuadro consternador y miserable imprime en la historia el camino y destino del Siervo Sufriente, humillado y ultrajado hasta lo sumo, pero obediente hasta las últimas consecuencias en honor y cumplimiento de su llamado y vocación al propósito redentor de Dios para salvación y rehumanización del hombre.

El eco de la voz del profeta es y será insilenciable e imparable en todos los tiempos para crear conciencia de la manera incomprensible del amor de Dios por su creación. ¿Cómo asimilar las palabras del profeta y ser movidos por la gratitud del amor, la grandeza y misericordia insondable de un Dios que se da a sí mismo para salvación y sanidad de su pueblo, pasando por alto la condenación eterna justificada por la bajeza del pecado humano? Sí, el unigénito Hijo de Dios fue maltratado y humillado, ni siquiera abrió su boca; como cordero, fue llevado al matadero; como oveja, enmudeció ante su trasquilador, y ni siquiera abrió su boca (Isaías 53:7).

Es inspirador y conmovedor este canto del profeta sobre el cual se fundamenta la fe, la esperanza y comunión con el proyecto del reino nuevo de Dios en todos los tiempos bajo el Señorío de Jesús el Cristo. Es con acierto que reafirmo lo que dijo Barclay sobre las palabras reveladoras del profeta: "No cabe duda de que más adelante la imagen de Isaías 53 se convirtió para la Iglesia en una de las profecías más preciosas de todo el Antiguo Testamento acerca de Jesús. Quizás Juan el Bautista fue el primero en darse cuenta de ello"... No estoy muy seguro si para el cristianismo postmoderno tienen el mismo valor inspiracional, teológico y cristológico.

En lo personal, Isaías 53 me abraza con Jesús crucificado y me mueven los méritos de su muerte a responder con gratitud y dedicación a los desafíos de la Cruz de Cristo, patentizando el amor del Padre hacia toda la raza humana. ¡Gracias Cordero de Dios!

Durante el período intertestamentario (durante más de cuatro siglos), cuando cesa la profecía, en los siglos de silencio profético, "silencio de Dios", en que tanto Israel como Judá estuvieron sitiados y dominados por gobiernos extranjeros, fue como si Dios, hastiado de la decadencia moral de su pueblo escogido, sellara sus labios y se encerrara en su hermético misterio y soledad. Pero, aun así, el orgullo nacional, la identidad monoteísta de su fe y cultura religiosa y la fidelidad al Dios de su historia, quedó grabada en la conciencia de muchos que lucharon y defendieron su patrimonio nacional y religioso. Es en esta época (167-160 a.C.) que un levita llamado Judas Macabeo, hijo del sacerdote judío Matatías, fue la mecha que encendió las revueltas de los macabeos contra el imperio seleucida. Judas Macabeo, junto a su familia, fue la causa y conciencia de las revueltas patrióticas y religiosas de los judíos contra los invasores sirios. El panorama y detalles históricos de este período de guerra, tensión, muerte y victorias, lo pueden estudiar con más detalles en los libros deuterocanónicos de los macabeos. No es mi intención detenerme en este largo tramo de la historia religiosa-política de un pueblo donde el hilo profético se detuvo, sino destacar una nueva imagen del Cordero, muy conocida para el judaísmo, pero extraña al cristianismo en el devenir de los siglos y en contraste con la imagen de cordero sacrificado y molido por los pecados del hombre según Isaías 53, y retomado por el ermitaño bautizador del desierto.

En los tiempos de los macabeos se destaca una imagen de un cordero con cuernos como símbolo de un gran conquistador como lo fue Judas Macabeo, como también lo fueron Samuel, David y Salomón, símbolos de poder y conquista. La realidad política, religiosa y cultural aparentemente cambió la imagen de inocencia, impotencia y sometimiento del cordero pascual, por una imagen de cordero guerrero y conquistador. Irónicamente, representaba al guerrero líder que conquistaba en el nombre de Dios. Infiere Barlay: "Puede ser no se trate de una imagen de humilde e impotente debilidad, sino de una imagen de victoriosa majestad y poder. Jesús era el caballero de Dios que luchó contra el pecado y lo dominó, que venció y abolió el pecado en combate singular... Yo digo, Jesús Cordero de Dios victorioso e indesplazable. Cordero de Dios sacrificado y obediente hasta su muerte en la cruz para expiación de los pecados del hombre y reconciliador de este con el Padre. "Se convirtió en uno de los títulos más preciados para designar a Jesús. En una sola palabra resume el amor, el sacrificio, el sufrimiento y el triunfo de Cristo" (Barclay, *Comentario según San Juan*).

Este acto vergonzoso de humillación, obediencia y de muerte inhumana e injusta de Jesús debe conmovernos y movernos a la gratitud, la fidelidad, y consagración incondicional al proyecto nuevo de Dios en Jesucristo. Así lo articuló el poeta español Calderón de la Barca (1600-1681) con su poesía:

### ¿Qué quieres?

*¿Qué quiero, mi Jesús… Quiero quererte,*
*Quiero cuanto hay en mí, del todo darte,*
*Sin tener más placer que el agradarte*
*Sin tener más temor que el ofenderte*

*Quiero olvidarlo todo y conocerte,*
*Quiero dejarlo todo por buscarte,*
*Quiero perderlo todo por hallarte,*
*Quiero ignorarlo todo por saberte.*

*Quiero, amable Jesús, abismarme*
*En ese dulce hueco de tu herida,*
*Y en sus divinas llamas abrazarme.*

*Quiero, en fin, en ti transfigurarme,*
*Morir a mí, para vivir tu vida,*
*Perderme en Ti, Jesús, y no encontrarme.*

Es por esto que el tema "Gracias, Cordero de Dios" nos desafía a reflexionar con sensibilidad espiritual, objetividad teológica y cristológica sobre la urgencia importante de evaluar y depurar o liberar nuestra fe de los tóxicos de la ignorancia y las perversidades humano-religiosas que hoy dividen y debilitan el carácter y dignidad del cristianismo moderno, altamente pluralista; para ofrecer un culto de adoración definidos y sólidos, en una misma esperanza, desde la óptica de la encarnación de Dios en el Cordero sacrificado como medio de emancipación y redención del mundo. Hugo Zorrilla en su libro *Las fiestas de Yave* acentúa esta urgente necesidad y dice: "Jesús es el culto verdadero como el Cordero de Dios; si los verdaderos adoradores de Dios no tienen que ir a Jerusalén a festejar, y si a Dios se le encuentra en Jesús, luego el culto está en el seguimiento a él. El culto es obediencia en amor sacrificial. La Iglesia primitiva llega, entonces, a aceptar la invalidación de víctimas y de materias sacrificiales. Jesús pone su vida y la vuelve a tomar por sus ovejas (Jn 10:17,18). Las ovejas sacrificadas siguen siendo un culto imperfecto e injusto. Él es el sacrificio perfecto, nuestra pascua" (Zorrilla, Hugo, *Las fiestas de Yave*, pág. 70, Ediciones La Aurora, 1988, Buenos Aires). Esto implica que no hay culto verdadero sin el seguimiento y obediencia a Jesús, el Cordero. (*cf Juan 15:9-14*).

Ignacio Larrañaga, sacerdote católico, prolifero escritor y elocuente exponente del evangelio de Jesús, responde con profunda espiritualidad y profundidad teológica ante la escena contradictoria de Jesús y la figura recia de Juan el Bautista, cuando éste le señala como el Cordero de Dios. Su imaginación entrelaza los detalles y profundidad del momento.

Dice: "Estamos ante una de las escenas más conmovedoras del Hombre de Nazaret en su condición de Pobre: el Hijo de Dios, luz de luz y nardo perfumado, espera pacientemente en la fila de las fieras y los halcones, fornicarios y adúlteros, hombres vestidos de tempestad y ceñidos de puñal, el cordero blanco e inerte, esperando su turno como uno más entre los pecadores para entrar en las aguas purificadoras ... aquel día nació la humanidad, le nacieron alas potentes y escaló la altura más encumbrada" (Larranaga, Ignacio, *El Pobre de Nazaret*, Ediciones Paulinas, pág. 74, Santa Fe de Bogotá,1992).

Sí, la cumbre más alta: la humillación, el sacrificio, la tortura, la cruz y la muerte del pobre Cordero de Dios; su obediencia y entrega total; su desfiladero existencial, la cruz; "pero, aquí, a la orilla del río, la humillación es aún más lacerante, porque el Pobre desciende a las aguas envuelto en el barro de la inmundicia humana, pasando como un pecador entre los pecadores. (*El Pobre de Nazaret*, pág. 74).

Es por todo esto e inagotablemente más, que el eco de la crónica evangélica jamás será silenciado por la competencia de los caudillos modernos con sus desatinadas tendencias ideológicas, políticas y de apostasías religiosas. El eco del amor, la justicia, el perdón y la paz continuará resonando hacia el mundo desde los corazones rendidos al amor que sana al hombre para liberarlo con la nueva y buena noticia en Jesús, nuestro soberano Señor y Redentor. *"Porque tanto amó Dios al mundo, que dio a su hijo unigénito, para que todo el que cree en él no se pierda, sino que tenga vida eterna"* (Juan 3:16).

"Gracias Cordero de Dios, por tu bendición, gracias Cordero de Dios por tu redención" (Coro, cántico de Andrés González). Su canto devela las fibras íntimas del alma del compositor, movido a entregar su ser en servicio y gratitud al Creador por su acto de amor sacrificial. ¡Incomparable amor! Esperanza de liberación, futuro y gestación de una humanidad nueva y justa, insumo visible de la muerte del Justo y Santo Cordero de Dios por el injusto y degradado hombre, humanizándolo con la inmensurable gracia de su amor reconciliador. El Cordero de Dios, colgado sobre la disgustante cruz, nos debe detener para entender ¡cuánto nos amó Dios!, y de qué manera. Así, lo expresa Larrañaga cuando se refiere a Jesús como el Pobre de Nazaret: "Hemos llegado a la última plataforma de la encarnación: el Santo de Dios, siendo impecable, sometido a toda semejanza de pecado, hecho "pecador" con los pecadores, para elevarnos a la santidad de Dios" (Larrañaga I., *El Pobre de Nazaret*, pág. 74).

¡Qué tremenda e inaudita voz de la verdad que nos desafía a evaluar la calidad de nuestra existencia!

El increíble amor de Dios por el hombre.

El gran sacrificio y humillación de Cristo por la humanidad, la Cruz.

El perdón de los pecados y la salvación como gracia que brota del amor de Dios y no del hombre y sus obras.

La divinidad de Cristo, revelación y camino de crecimiento y humanización del hombre

y la naturaleza de Dios, sustancia de nuestra fe.

¡Gracias, Cordero sacrificado por nosotros! No sabemos cómo reciprocarte, qué hacer y cómo hacer para complacerte. Por esto, como el poeta, las rimas de su poesía siempre te ofrezco en gratitud y adoración:

*No me mueve mi Dios, para quererte,*
*El cielo que me tienes prometido,*
*Ni me mueve el infierno tan temido*
*Para dejar por eso de ofenderte.*

*Tú me mueves, Señor, muéveme el verte*
*Clavado en una cruz y escarnecido,*
*Muéveme ver tu cuerpo tan herido,*
*Muéveme tus afrentas y tu muerte.*

*Muéveme, en fin, tu amor, y en tal manera,*
*Que aunque no hubiera cielo, yo te amara,*
*Y aunque no hubiera infierno, te temiera.*

*No me tienes que dar porque te quiera*
*Pues aunque lo que espero no esperara,*
*Lo mismo que te quiero, te quisiera.*
  (Autoría anónima)

¡Gracias, Cordero Eterno en Gloria! Por tu muerte en mi lugar, y abrir el camino para una existencia siempre nueva, de esperanza y salvación, para la humanidad. Gracias, Andrés González, por tu sensibilidad espiritual y fruto de tu intimidad, con el Cordero De Dios en gloria.

# CAPÍTULO 3

# Ayúdame a confiar en Ti

*Siempre tengo presente al Señor; con él a mi derecha, nada me hará caer. Por eso, dentro de mí, mi corazón está lleno de alegría.*

*Todo mi ser vivirá confiadamente, pues no me dejarás en el sepulcro, ¡no abandonarás en la fosa a tu amigo fiel! Me mostrarás el camino de la vida.*

*Hay gran alegría en tu presencia; hay dicha eterna junto a ti* (Salmos 16:8-11, DHH).

Son incontables los escenarios de momentos intensos y estremecedores de nuestra existencia cotidiana que azotan brutalmente nuestra humanidad frágil y vulnerable, consternando la razón y torturando crudamente nuestros más susceptibles sentimientos y emociones. Horas grises de amargura y soledad, de turbulencias e inseguridad, donde las noches nos parecen eternas y aun la luz del día parece nunca llegar. Es aquí, desde el último hilo de la esperanza de una fe lánguida y moribunda, varada en la nada, de donde emergen los silencios del grito del alma lastimada de los que luchan contra los vientos recios de sus infortunios amenazantes. Son golpes que estremecen nuestra fragilidad humana, privándonos del deleite y disfrute de la vida…"Ayúdame a confiar en Ti", grita el alma desde el sequedal de sus penumbras y soledades; pero también grita su esperanza.

El autor Andrés González arranca de las fibras de su alma un cántico nuevo bañado de esperanza, y nos invita a hacerlo nuestro, camino a nuestra liberación (Ex 13:17-23).

### Ayúdame a confiar en Ti

*Estoy aquí Señor para adorarte;*
*Y traer mis peticiones, mis ruegos y loores, a tu altar;*
*Quiero en Ti confiar, y en tus promesas descansar;*
*Pero mi alma necesita tu ayuda y tu visita de poder.*

*Coro:*

*Ayúdame a confiar en Ti,*
*Ayúdame a creer así:*
*Tu gloria puede descender aquí;*
*Ayúdame a confiar en Ti,*
*Ayúdame a creer así:*
*Tu gloria puede ser real en mí.*

*¡Oh Cristo, mi Dios fuerte!*
*¡Padre Eterno, Emmanuel!*
*Ayuda a mi fe.*

Cuando el alma canta el grito de la fe del ser, ancla su esperanza en el fondo del dolor, del vacío y de la ausencia del Dios que creemos lejos; entonces, de los escombros de nuestra humanidad cansada brota la flor de la confianza visionaria abrazada al Espíritu, que gesta nuevos sueños y retos. El pensamiento trasciende los límites de la lógica, seguro aún, en medio de las turbulencias y momentos que azotan impíamente nuestra frágil humanidad. Es aquí donde podemos entender al salmista cruzando los valles de la muerte bajo la sombra del Dios que cuida en cercanía dinámica su Creación: *"El Señor es mi pastor; nada me falta. En verdes praderas me hace descansar, a las aguas tranquilas me conduce, me da nuevas fuerzas y me lleva por caminos rectos, haciendo honor a su nombre"* (Salmos 23:1-3, DHH).

El tono sublime del cántico "Ayúdame a confiar en Ti" devela la sequedad del alma sedienta y anhelante del aliciente fortalecedor de Dios, para mitigar las más hondas necesidades del ser quebrantado. Nos parece leer al autor por dentro y ver la luz profunda de su esperanza suplicante, de donde brotan perlas vivenciales de su confianza siempre presente, para transformar los gritos del alma en esperanza y sosiego, con su fe fundamentada en la comunión íntima con el Creador. Extrae del infinito insondable del ser notas y melodías que llenan el vacío y ahogan el silencio que solo el Creador escucha.

El Admirable de todos los tiempos del curso humano, Padre eterno, Príncipe de paz, sentado en el trono mortal del corazón humano para llenarlo de su paz radiante de luz, seguridad y confianza. Es por esto que solo Él entiende nuestras soledades y nos invita a la quietud de su presencia para conocerle en la dulzura de su piedad y en la grandeza de su amor sanador.

Sí, nuestra fe se ancla en la confianza que brota de la certeza, no académica, no conceptual, no filosófica, y mucho menos mitológica, sino en la certeza del Dios que esperamos y está en medio de nuestras realidades humanas. Tu gloria puede descender aquí, en mi corazón anhelante y sediento del agua que sacia para siempre: su gracia. Sí, su gloria puede ser real en mí. Sí, aunque mi razón no te sienta, mi corazón te cree y mi alma danza el canto eterno de mi redención. ¡Oh Cristo, mi Dios fuerte, Padre eterno, Emmanuel!

"Ayúdame a confiar en Ti" nos invita a mirar hacia el fondo de nuestras memorias y vivencias con el Resucitado de la Cruz, y revisitar los evangelios en un viaje en retrospección hacia el punto cumbre del pasado de la historia inmortal de Cristo, fundamento de nuestra fe y objetividad histórica de nuestra confianza en Dios. Ante la cruz del dolor, el abandono y la humillación de Jesús el Cristo retoma consciencia y memoria del grito del abandono del hombre, lastimado hasta las fibras más inéditas de su humanidad torturada y molida por los pecados del hombre. Allí escuchamos el grito de la soledad de nuestro abandono y humillaciones que brotaron del fondo del Crucificado: *Eloi, Eloi, ¿Lama sabactami?* Allí Jesús, en la altura de la bajeza de su cruz, gritó su desamparo y soledad para entender el nuestro y sufrir nuestro dolor y el miedo de nuestras encrucijadas humanas; pero también allí contemplamos a los mortales que han creído en Dios, proclamando desde sus dolores y quebrantos la confianza inconmovible en el Dios que nos llevará más allá de la muerte, resistiendo la burla de la perversidad humana: *"Tú, que destruyes el templo y en tres días lo reconstruyes, ¡sálvate a ti mismo! ¡Si eres el hijo de Dios, baja de la cruz!"* (Mateo 27:40). *"Él confía en Dios; pues que lo libre Dios ahora, si de veras lo quiere"* (Versículo 43). Pero si una afirmación podemos sostener con certeza es esta: La confianza incondicional y total de Jesús en el Padre, su obediencia y fidelidad transparente, así como su amor a los suyos hasta la muerte. En Él encontramos el modelo perfecto de lo que es la confianza como fruto del amor recíproco entre dos naturalezas en correspondencia e intimidad creativa y perfecta para el bien común de la vida en todas sus manifestaciones e interdependencia. Es en este dinamismo creativo y revelador entre lo divino (el Verbo) y lo humano (Jesús, la Palabra de Vida), donde el dolor, la soledad, los vacíos del ser y la fragilidad impredecible de nuestra naturaleza finita y mortal se sublima y libera de todos los miedos, incertidumbres y frustraciones, para vivir confiados en el secreto y misterio con el Creador soberano de todo lo invisible y visible. De esta ecuación divina, perfecta y sublime entre el Dios que viene a nosotros encarnado en su Verbo inmortal para dar certeza de vida abundante y eterna, emerge y florece la confianza no fingida entre los santos de su Reino. De este misterio inaudito para la razón, nace el clamor suplicante "Ayúdame a confiar en Ti".

## Ayúdame a caminar confiado y consciente

Nos ha tocado vivir el presente más incierto e impredecible de nuestro mundo. Los valores y principios que daban dignidad y estabilidad a las sociedades, familias y relaciones sanas entre las personas han sido socavados por el neo-pensamiento del mundo postmoderno. Nuevos estilos de vida social y sus prácticas han desplazado las virtudes y valores que fundamentaron el carácter, la conducta y costumbres de lo que fue una sociedad formal y forjadora del orden y el respeto entre sus constituyentes. Lo espurio e indeseable y rechazado por la consciencia colectiva de la sociedad durante los últimos sesenta años hoy domina y determina la neo-consciencia y carácter de nuestra época postmoderna. La consciencia religiosa y el carácter cristiano de los pueblos han quedado impotentes bajo el dominio imponente de la nueva consciencia social. El valor de la vida, el derecho individual y la calidad de vida intersocial han perdido su máximo valor. Nos parece que la filosofía de vida nueva de Jesús en su sermón a las multitudes de su tiempo ha sido trastocada, no solamente por el neo-pensamiento promiscuo social, sino también por las instituciones religiosas, seducidas y condicionadas al neo-sincretismo religioso de nuestro mundo moderno. Jesús enseñaba que la vida tiene un valor absoluto y "vale más que el vestido", pero hoy cualquier vestido, y sucio, aparenta superar el valor sacramental de la vida. (*cf. Lucas 12:22-31*).

Nuevas estructuras de estilos de vida y convivencia familiar han emergido, predominando e imponiendo su filosofía de vida y reclamando sus derechos y respeto en la sociedad. Estas determinan e imponen sus normas sobre la base legal y constitucional a las nuevas generaciones. Las instituciones educativas y religiosas, como también los medios de comunicación, son altamente efectivos e influyentes en la transformación de la consciencia social como efecto de la presión misma del pensamiento no-conservador del mundo postmoderno. Lo que era repulsivo a los valores religiosos de lo que fue una sociedad herméticamente conservadora, hoy es irrelevante, plausible y práctica normal. La santidad de la familia y la vida conyugal, consagrados y bendecidos por la religión y el estado social que legitimaba la unión entre parejas, ha perdido su valor sacramental. Hoy son más las parejas que cohabitan en una relación consensual que los matrimonios legalmente instituidos. Los estigmas sociales y religiosos contra los que convivían consensualmente les señalaban como "fornicarios" o vidas en "concubinato"; hoy ha pasado a ser un estatus no importante y normal. ¡Qué desastre!

Recuerdo en mis años de adolescencia que la bigamia, poligamia, el pudor de la mujer, la fraternidad sana de la ecuación hombre-mujer, eran factores muy observables para la cultura social. En el pasado, los bígamos y polígamos y aun la sodomía eran abiertamente denunciados por la consciencia religiosa de la sociedad y rechazados por los círculos "cristianos". Hoy no es así; parece muy normal, natural y aprobado por el secularismo religioso de nuestra sociedad secular y pluralista de nuestro mundo postmoderno.

Las orgías entre parejas, y aun la convivencia consensual entre el triunvirato promiscuo entre un hombre y dos mujeres o la inversa, como las orgías entre grupos y parejas, son fenómenos que van ganando terreno en el mundo moderno. Ya los grupos que practican el nudismo reclaman sus derechos y reconocimiento de convivencia normal y pura. Si el siglo 20 fue un "manantial de tentaciones", como contaba Felipe Rodríguez (cantante portorriqueño fenecido), el siglo 21 será el abismo fatalista y degradante de las generaciones futuras. En medio de esta bruma humana, religiosa y política, los pensadores seculares modernos y religiosos claudicantes han re-conceptuado a Dios. Han hecho de Dios una personalidad de ideas y creencias de un "dios" condonante y condescendiente de todo y con todos.

> ¡Confianza, si te encuentro, serás el camino fino y dulce que me conduce al disfrute pleno de la vida en interacción e interdependencia justa y libre con la amistad de un ser sin egoísmo!

Dios, una mera cosa ecléctica, conforme al lente de los nuevos conceptos sociales, educativos y teológicos. El antiguo dicho bíblico "Dios es el mismo ayer, hoy y siempre", ha perdido la relevancia, veracidad y el sentido divino y transcendente para la neo-consciencia y pensamiento social-religioso moderno. Dios puede ser cualquier cosa o idea para justificar otras.

*¿En qué y en quién podemos creer y confiar?*

*¿Dónde te encuentro "confianza", para liberarme de mi desconfianza y confusiones?*

¡Dios, ayúdame a creer, para encontrarme en Ti!

# La confianza, fruto inherente de la fe en acción

¡Confianza, si te encuentro, serás el camino fino y dulce que me conduce al disfrute pleno de la vida en interacción e interdependencia justa y libre con la amistad de un ser sin egoísmo! ¿Dónde está la puerta blanca de espejos puros, para mirarme como soy y sentirte desde adentro sin rechazos, sin cadenas, bañado con su mirada de esperanza y seguridad?

"Confianza", de confiar (Lat. *confiare*), danza sublime de la fe que desafía nuestra razón con sus miedos, temores e incertidumbres, dando lugar y señalando la grandeza de elevar el alma a los brazos de Dios, que solo la fe íntegra y pura toca. Como bien expresa Enrique Peña en su *Diccionario de virtudes y pecados*, la confianza "es la esperanza firme y seguridad que se tiene de recibir algo". Citando a uno de los protagonistas del texto escritural, que sostiene la siguiente afirmación: *"Yo sé que mi defensor vive, y que él será mi abogado aquí en la tierra"* (Job 19:25, DHH).

Jesús, ante la sombra de su muerte, preludio del fin de su existencia, sembró la semilla de la confianza y la esperanza en el corazón de sus discípulos, colaboradores con Él en misión y proyecto de redención. Su muerte estaba cerca, pero ellos, llamados y vocacionados, tenían que superar los miedos paralizantes de la muerte, abismo desconcertador que solo podemos vencer y cruzar sobre el lienzo de la fe, la confianza y la esperanza, sostenidos y patentizados por las palabras eterna del Hijo del Creador, que les reclama y desafía a creer en Él.

101

*"No se angustien ustedes. Crean en Dios
y crean también en mí. En la casa de mi
Padre hay muchos lugares donde vivir; si no
fuera así, yo no les hubiera dicho que voy a
prepararles un lugar. Y después de irme y
de prepárales un lugar, vendré otra vez para
llevarlos conmigo, para que ustedes estén
en el mismo lugar en donde yo voy a estar"*
(Juan 14:1-3, DHH).

Henry N. Russell (1877-1957) fue profesor de la Universidad de Princeton, director del Observatorio del Monte Wilson, autor de *El sistema solar y su origen*. Cuenta el periódico *Washington Post* que luego de pronunciar una conferencia acerca de la Vía Láctea, se le acercó una dama y le pregunto: "¿Si la tierra es tan pequeña y el universo tan inmenso, podemos realmente creer que Dios se ocupe de nosotros?" Y el Dr. Russell respondió: "Depende enteramente de cuán grande es el Dios en que usted cree" (*Diccionario de virtudes y pecados*, Enrique Peña, página 27).

Jesús, el Vencedor de la muerte, nos desafía a creerle con una fe tan gigante como del tamaño de una semilla de mostaza. De esta fe sólida y monolítica, libre de sincretismos, mitos y supersticiones, sólo creyéndole a Cristo, brotarán las ramas fuertes de la confianza para arropar el alma insegura bajo la sombra inmensurable de la gracia y presencia de Dios. ¡Certeza de los que creen y proclama su inmensidad y presencia, aun desde los quebrantos de la muerte!

La fe en Jesús es antídoto contra el pecado de la desconfianza, cerrando los caminos que llevan al hombre al valle de los que mueren sepultados bajo las cenizas de su incredulidad e incertidumbres. Con los que creen, Jesús consolida la credibilidad de la confianza en su persona y los méritos de su muerte y su resurrección. Sobre la base del amor, la obediencia total al Padre, la verdad liberadora de su Palabra y la consistencia de su mensaje en armonía perfecta y divina con sus acciones y conducta brota el olor sublime de la confianza en Dios. En Él no vemos, y aun no sentimos, una simple mancha de odio y rencores. Fue fiel hasta su muerte, entregando su vida en acto sacrificial y expiatorio para liberación, reconciliación y perdón a todos lo que creen en Él y su misión redentora. Sólo solicitó la confianza de sus seguidores, y dio confianza aún más allá de nuestra voluble naturaleza humana.

*"Les digo todo esto para que encuentren paz en su unión conmigo. En el mundo, ustedes habrán de sufrir; pero tengan valor: Yo he vencido el mundo"* (Juan 16:33, DHH).

## La confianza, virtud catalizante de incertidumbres

Jesús consolidó la credibilidad y legitimidad de su naturaleza divina, su personalidad equilibrada y mensaje restaurador, sobre la base insondable de su intimidad y confianza perfecta con el Padre, Dios Creador y soberano Señor de la vida. A través de su amor sanador, su obediencia incondicional, su Palabra liberadora y reconciliadora, así como la consistencia y desafío de su doctrina confrontadora, traducida en actos y acciones de vida abundante, cultivó y transfirió de Él a los suyos la virtud de la confianza en aquellos que le creyeron y siguieron, asumiendo el costo y los riesgos de creer a su testimonio revelador del propósito de Dios. Fue fiel hasta su muerte maldita (la cruz vergonzosa), desplazando toda duda de la mente de los que le veneraron y respetaron como líder insustituible y maestro de la verdad encarnada en Él, camino al reino de los justos.

La Biblia, manantial de la historia de Dios y su creación, de donde destila confianza en Él, es fuente de inspiración y legitimidad de su credibilidad y naturaleza divina. Sus proezas, promesas y portentos liberadores del derecho y la igualdad de la dignidad sacramental de la vida y su valor absoluto provocan en el ser de las personas un sentir de seguridad, esperanza y determinación más allá de las trivialidades insensatas de los mortales, suprimiendo los fenómenos y enigmas consternados de la fragilidad humana. *"¡Diga el débil, fuerte soy!"*, afirma el cántico de adoración de los que creen.

La confianza como virtud inherente a nuestra humanidad da dignidad a nuestra personalidad y hace accesible y libre de sospechas al hombre, con la capacidad de análisis objetivo en el proceso de sus acciones e intenciones, y en sus relaciones consigo mismo y su entorno social. Ahora, la ausencia de esta virtud, inédita en el misterio del ser, o reprimida por la duda y las experiencias negativas entre las partes afectadas, anulan toda capacidad de objetividad en sus juicios y relaciones humanas. Arrastran a la persona al final del camino tétrico y oscuro de las sospechas, las dudas, ignorancia y juicios *a priori*, sin capacidad de entenderse a sí mismo, y mucho menos al otro con objetividad, reciprocidad humana y respeto; cerrando el espacio al beneficio de la duda y la reivindicación y a la posibilidad del diálogo franco entre las partes. Por lo tanto, la confianza como virtud objetiva no es ciega y mucho menos responde a emociones, sino es un estado de seguridad ponderada en correspondencia libre con la lógica de la razón y el pensamiento crítico. No es una fe ciega la que se entrega para creer, sino una fe crítica, ponderando los signos de la personalidad para coexistir con el otro sobre el fundamento de una confianza inteligente y a la vez susceptible a los cambios imprevistos de la personalidad misma. Si así no fuera, sería irrelevante el desafío de Jesús hacia sus seguidores, que les insta a analizar críticamente las Escrituras para que queden convencidos de la veracidad de su testimonio y palabras a la luz y a través del hilo profético que mantenía viva la esperanza de su pueblo. Les decía con la certeza vocacional de su llamado y misión: *"Ustedes estudian* [examinan, escudriñan] *las Escrituras con mucho cuidado, porque esperan encontrar en ella la vida eterna; sin embargo, aunque las Escrituras dan testimonio de mí, ustedes no quieren venir a mí para tener esa vida"* (Juan 5:39, DHH). La duda y los prejuicios contra la doctrina e identidad mesiánica de Jesús paralizaron la capacidad lógica en los eruditos de la religión de su tiempo para oír, escudriñar y entender la novedad y complimiento de la encarnación o revelación de Dios en la persona del "pobre de Nazaret", y ser sensibles al grito del vacío traumático de su propia alma sedienta de gracia, verdad, amor y comunión con su Creador.

# Ayúdame a creer así

La fe en Jesús, el Cristo resucitado, hace posible y visible por la fe vivir con la certeza de la presencia del Dios invisible en interacción libre y voluntaria con los que han creído en el propósito soteriológico de Dios (El Padre en Jesús), su Unigénito Hijo. Así lo experimentó el apóstol Pablo en su pensamiento cristológico: *"Cristo es la imagen visible de Dios, que es invisible; es su Hijo primogénito, anterior a todo lo creado. En él Dios creó todo lo que hay en cielo y en la tierra, tanto lo visible como lo invisible, así como los seres espirituales que tiene dominio, autoridad y poder. Todo fue creado por medio de él y para él. Cristo existe antes de todas las cosas, y por él se mantiene todo en orden"* (Col. 1:15-17, DHH).

Señor, ayúdame a creer así... pero más allá de creer, sentir que de mí brota un caudal de confianza, en la confianza vivificante de tu Palabra: ¡Jesús, tu Verbo en mí!

## Paradoja enigmática de la confianza

A través de los tiempos del tiempo, el confiar con certeza invariable en el Dios presente y compañero caminante en nuestras jornadas inciertas de nuestra vida cotidiana ha sido refugio y castillo fuerte del alma penitente y anhelante de la intimidad del diálogo sincero con el Creador. Los salmos son un testimonio consecuente y revelador de la necesidad de seguridad, amor y confianza, inherente y recurrente en la jadeante y corta existencia de la humanidad frágil de los mortales. Esto queda plasmado y manifiesto en los cánticos cúlticos, reveladores del abatimiento del alma, pero también en la esperanza y la confianza de un pueblo en quebrantos. Los salmos son un atinado testimonio de los que siempre ha sido el dilema existencial y espiritual de los mortales:

*"Como siervo sediento en busca de un río, así, Dios mío, te busco a ti. Tengo sed de Dios, del Dios de la vida"* (Salmos 42:1,2, DHH)

*¿Por qué voy a estar preocupado? Mi esperanza he puesto en Dios, a quien todavía seguiré alabando. ¡Él es mi Dios y Salvador!* (v.5).

*"El que vive bajo de la sombra protectora del Altísimo y Todopoderoso, dice al Señor: 'Tú eres mi refugio, mi castillo, ¡mi Dios, en quien confió!'* (Salmos 91:1,2, DHH).

La razón procesa el desafío de la confianza, que nos reta a la acción y determinación para navegar contra el oleaje borrascoso de la incertidumbre que limita nuestra humanidad. Esta virtud que viste con matices diferentes nuestra existencia, gesta en el alma escondida en Dios ya libre de temores e incertidumbres, las certeza y seguridad en Él, quien nos mueve más allá de los temores y límites de la razón misma. Es la determinación firme del que cree incondicionalmente en el Señor de todos: Lo que vemos y no vemos… ni veremos, lo vemos claro a través de las Escrituras y sus crónicas, historias, cuentos y portentos de Dios, de un pueblo y su fe. En particular, en el libro de los Salmos es donde resaltan las crisis, consternaciones, angustias, fracasos, soledades, confesiones, arrepentimiento, la gratitud y la alabanza del hombre y su fe anclada en la seguridad y cuidado de Dios. La voz escritural del Salmo 116 nos abraza al sentir la seguridad de los que confiesan y confían en Dios todopoderoso: *"Yo tenía fe, a pesar de que decía que era grande mi aflicción. Desesperado, afirmé que todo hombre es mentiroso. ¿Cómo podré pagar al Señor todo el bien que me ha hecho? ¡Levantaré la copa de la salvación he invocaré su nombre! Cumpliré mis promesas al Señor en presencia de todo su pueblo. Mucho le cuesta al Señor ver morir a los que le aman"* (Salmos 116:10-15, DHH; cf 2 Co. 4:13).

¡Cuánto le costó el Padre de todo lo creado soportar la tortura de ver morir vergonzosa y denigrantemente a su Hijo Unigénito, Jesús el Cristo! Soportó hasta lo sumo la torturante muerte de su Hijo: *"…para que todo aquel que cree en él no muera, sino que tenga vida eterna. Porque Dios no envió a su Hijo al mundo para condenar al mundo, sino para salvarlo por medio de él"* (Juan 3:16,17, DHH).

Esta tradicional afirmación del evangelio juanino nos desafía con la insuperable verdad del alto costo de la inversión de un Dios que ama al más alto fruto de su creación: la humanidad. Se dio todo para ganar y restituir su confianza en el hombre y liberarse a sí mismo del enojo provocado en Él por la soberbia y las rebeliones de la humanidad caída del hombre; enigma y paradoja de su amor sacrificial. Dios pasa por alto el pecado y las rebeliones del hombre para abrir un camino estrecho de comunicación y restauración con la humanidad infiel. ¿Cómo podemos entender lo incomprensible, para valorar y atesorar en el alma el costo del amor de Dios, quien lo dio todo para restaurar los lazos de comunicación y confianza con el hombre? La cruz deshumanizante, vergonzosa y denigrante nos pone de frente al desafío del misterio paradójico de la muerte de un justo como acto de amor restaurador... amor radical y sanador. Todo esto queda concentrado en las palabras profundas del apóstol Pablo a una comunidad de creyentes en Roma: *"Pero Dios prueba que nos ama, en que, cuando todavía éramos pecadores, Cristo murió por nosotros. Y ahora, después que Dios nos ha hecho justos mediante la muerte de Cristo, con mayor razón seremos salvados del castigo final por medio de él. Porque si Dios, cuando todavía éramos enemigos, no reconcilio consigo mismo mediante la muerte de su Hijo, con mayor razón seremos salvados por su vida, ahora que ya estamos reconciliados con él"* (Romanos 5:8-10, DHH).

La confianza en Dios, creer en la profundidad de su acto creador, y la presencia y participación constante de su cuidado y continuidad de la vida, desafían nuestra razón enmarcada dentro de los límites de nuestra existencia y el corto espacio para el disfrute a plenitud de todas sus grandezas y maravillas. Ahora, creer en Dios nos humaniza para sentir la grandeza de Él, en su don más preciado: La vida. Pero también creyendo en lo invisible presente del Creador nos hace consciente de nuestra frágil humanidad mortal y de su presencia en cada segundo del minutero veloz de nuestra existencia. Creer en la sublime y eterna presencia del Dios Santo genera una fuerza y determinación inexplicable e imparable, traducida en confianza, paz y seguridad en su presencia. Esta certeza divina desde las profundidades del ser es lo que nos impulsa más allá de la lógica y de nuestros límites humanos.

Las Escrituras Sagradas registran historias inauditas, llenas de enigmas y paradojas que sacuden nuestra inteligencia y pensamientos. Sólo el creerle a Dios hace posible, por la fe", cruzar los límites de la razón misma y entrar al disfrute pleno del Dios que da respuesta al grito del alma sedienta, cansada, divagante y desatinada, en búsqueda insaciable de su fuente primaria de existencia: ¡Dios! Es por esta razón que al Dios Creador y Señor de la Vida solo se le puede entender, oír, y encontrar por la fe libre de aditivos humanos. Así lo entendió el redactor de la carta pastoral a una comunidad hebrea:

*"Pero no es posible agradar a Dios sin tener fe, porque para acercarse a Dios, uno tiene que creer que existe y que recompensa a los que le buscan"* (Hebreos 11:6, DHH). Por esta razón la mente del hombre natural no puede entender y creer en los actos sobrenaturales de Dios. Para ellos, las acciones, afirmaciones, decisiones y aventuras de fe del hombre espiritual, que oye y responde por la fe a la voz única de Dios, son locuras, paradojas, enigmas e ideas irracionales, en fin, son ignorancia y actos faltos de cordura y del análisis lógico del intelecto.

Podemos mencionar algunos casos y eventos insólitos y paradójicos, vestidos de la densa oscuridad del misterio. Creídos y anunciados por la fe y las convicciones de un pueblo particular a través de los siglos hasta el presente. En ellos se concentran todas las convicciones, fruto de la fe misma del pueblo y sus vivencias y esperanza. Creen en la perfecta y soberana voluntad de Dios y su inmersión en la historia y realidades cotidianas de su pueblo.

¿Quién entiende y cree, sin adulterar la fe pura en Dios, que Él es presencia y generador de confianza en medio de su pueblo y creación?

¿Cómo podemos sostener y proclamar a todo costo nuestra fe y convicciones en Dios, contra un mundo determinado por sus creencias humanas e inconsistente con los valores y principios del evangelio del Reino Nuevo fundamentado por Jesús el Cristo?

¿Cómo podemos sostener y afirmar nuestra fe monolítica en Dios ante los asechos y descréditos de la neo-religiosidad contemporizante, escéptica, sincrética y pluralista?

El testimonio de las Santas Escrituras, aunque parece insólito, inverosímil, paradójico y enigmático para el pensamiento escéptico y humanista de la sociedad moderna, altamente pluralista y secular de nuestro tiempo postmoderno, jamás podrá paralizar y entender la fe y la determinación de todos los que han rendido incondicionalmente su confianza en Dios, dando espacio y credibilidad a la voz interna del Espíritu del Creador, que los mueve más allá de sus colindancias o límites de la razón. Para ellos, las acciones, decisiones abruptas, aventuras de fe del hombre espiritual que oye y responde por la fe a la voz de Dios, son locuras, paradojas y enigmas lejos del sentido común. En fin, son actos de ignorantes faltos de cordura y lógica del intelecto. Consideremos brevemente uno de estos casos: ¿Quién puede creer y entender hoy, en pleno siglo XXI, la narración escritural de la tradición religiosa y cultural de un pueblo nómada y su afirmación sobre la creación de todo lo que existe sobre la faz de la tierra, y las profundidades de los mares, simplemente por el mandato de la voz de Dios? En particular, de todo lo creado; el hombre creado del polvo de la tierra y por el soplo de la boca de Dios, que impartió el Espíritu de vida. Acto seguido, para completar el binomio del misterio de la continuidad humana, de la costilla del hombre crea la mujer, dándole así al hombre una compañera idónea. De esta forma, el pueblo hebreo explica el origen de todo lo que existe, por el toque de la Voz Eterna de Dios. Para los eruditos y críticos de las ciencias bíblicas, estos relatos son parte de las leyendas de la historia y cultura religiosa de un pueblo para explicar lo inexplicable. Esto alimenta el escepticismo y aumenta la apatía de las nuevas generaciones a creer en la acción sobrenatural de Dios en la creación de todo un universo infinito, y el dominio soberano de Él en la evolución y desarrollo de éste. (*cf. Génesis capítulos del 1-5, DHH*).

Para el pensamiento escéptico humanista de la cultura religiosa de nuestra sociedad altamente politeísta de nuestro mundo postmoderno, como para la neo-eclesiología altamente crítica y sincrética, enmarcada dentro de los parámetros de la erudición de la alta critica del texto escritural, ignorando el misterio de la participación dinámica del Espíritu Santo; es para ellos una postura simple, ingenua o ignorante, el creer que un Dios invisible creó un mundo inteligente y complejo que evoluciona constantemente hacia una síntesis de su existencia. Créalo o no, pero yo lo creo junto a millones de millones que creen y confiesan que todo lo que somos como mundo dentro del vasto universo está bajo Él y su soberana voluntad.

¿Quién cree la historia o leyenda de la cultura y religión hebrea sobre el gran diluvio que arropó la tierra y solo se salvaron la familia de un hombre que oyó y creyó a la voz de Dios? Él construyó un arca según las medidas que Dios le comunicó. Solamente él y su familia (ocho personas) se salvaron junto a un par de animales de cada especie (no entraron dos caballos, dos leones, dos monos, dos toros... solo un macho con su hembra, para justificar y garantizar la reproducción natural y la continuidad de la vida en el planeta). La tierra vuelve a poblarse y el reino animal a multiplicarse, pero esto no resuelve el problema humano: El mal uso del libre albedrio (Génesis 6:5-11, DHH).

De estas leyendas de eventos fantásticos y sobrenaturales hay bastantes en el Registro Santo. Solo mencionaré tres más que marcan la historia de Dios con su pueblo y el proyecto preestablecido para la redención de la humanidad. Creo que en estas tres quedarán impresas las huellas digitales del dedo santo del Creador y el celo por su Creación. Estas revelan la dialéctica enigmática en el contraste y correlación de dos eventos: primero, la encarnación del Verbo Creador en la persona de Jesús el Galileo, hijo de José y María. Segundo, la muerte, sepultura y resurrección de Jesús, pasados tres días de su muerte física; usando como punto coyuntural con las primeras dos. Tercero, la historia de un hombre llamado Abram, quien oyó una voz sobrenatural que lo desplazó de su contexto de existencia rutinaria y cotidianamente sedentaria hacia una aventura no concluida, pero alcanzó el punto alto de su síntesis y propósito divino en el drama de la muerte, pasión y resurrección de Jesús, llamado el Cristo.

# Señor, quiero creer

La historia de una aldeana adolescente virgen llamada María, quien estando desposada con su prometido causó un gran escándalo familiar, social y religioso. Sin su marido haber consumado la unión conyugal, quedó encinta de forma misteriosa. Esto es, siendo virgen, se gestaría en su vientre una criatura "sin haber conocido varón". La razón y su lógica diría: Esto es imposible e irracional, totalmente contrario al proceso natural de reproducción y multiplicación de la vida establecido por Dios mismo. Esto es, para los que creen en el orden natural de Dios enmarcados dentro de los límites de su propia humanidad, incapaces de trascender más allá de los marcos intelectuales de su pensamiento.

De los evangelios sinópticos (Mateo Marcos y Lucas), fue Lucas, con su habilidad de investigador y analista de la historia, quien se dio a la subjetiva tarea de poner en orden con objetividad histórica todo lo acontecido y revelado en la persona enigmática de Jesús, el hijo de María y José. Él tomó en orden cronológico el nacimiento, ministerio, muerte, resurrección y ascensión de Jesús a su gloria con el Padre (su regreso al cielo). Que, según lo testifica el apóstol Pablo en su carta a una comunidad de creyentes en Jesucristo, se despojó de su gloria divina para humanarse; esto es, como dice Pablo en su cristología: Aunque era de naturaleza divina, no insistió en ser igual a Dios, sino que hizo a un lado lo que le era propio, y tomando naturaleza de siervo, nació como hombre"(*cf Filipenses 2:6-7*). Jesús, ante la sombra horrible de la cruz, solicita del Padre el lugar que tuvo antes que todo fuese creado por Él (el Verbo), su gloria, gloria del Padre; son palabras incomprensibles que solo podemos creer y tocar por la fe en su testimonio de muerte y resurrección: *"Yo te he glorificado aquí en el mundo, pues he terminado la obra que tú me confiaste. Ahora, pues, Padre, dame en tu presencia la misma gloria que yo tenía contigo desde antes que existiera el mundo"* (Juan 17:4,5, DHH).

Por lo tanto, lo que en la doncella virgen comienza a develarse: el crecimiento de su vientre fue causa de descredito para su entorno familiar, motivo de juicio acusación y desprecio por el dogma de la moral paradójica de su religión, y humillación y vergüenza de su desposado marido, sintiéndose éste traicionado por el pecado de adulterio por la mujer supuestamente "virgen" con quien su unión conyugar no había sido consumado, sino vergüenza y humillación. Pero los planes y los actos de Dios son perfectos y transparentes, aunque no los entendamos humanamente.

Dios no es un Dios de escándalos injustos, sino de amor, restauración, reivindicación y redención. No deja al justo en vergüenza, lo levanta y lo pone de pie en el camino franco hacia la consumación de su proyecto redentor: No deja justo desamparado, ni a su simiente que mendigue pan.

Es Mateo en su evangelio el que inserta la reivindicación moral de José como de su desposada esposa María. Su intención fue desaparecer y dejar la doncella bajo el prejuicio condenatorio de su familia, vecinos y religiosos. Cita Mateo: *"José, su marido, que era un hombre justo y no quería denunciar públicamente a María, decidió separarse de ella en secreto. Ya había pensado hacerlo así, cuando un ángel del Señor se le apareció en sueño y le dijo: José, descendiente de David, no tengas miedo de tomar a María por esposa, porque el hijo que va a nacer es del Espíritu Santo. María tendrá un hijo y le pondrás por nombre*

*Jesús. Se llamará así porque salvará a su pueblo de sus pecados"'*
(Mateo 1:19-21, DHH).

La vida de Jesús y su familia, fue un drama crudo y fuerte de procesar por la razón, forrado de paradojas, enigmas e implicaciones ontológicas y soteriológicas insondables para el escepticismo de la lógica del intelecto, pero alcanzable solo por la fe de los que creen en el Dios que está inmerso en el drama y destino de la humanidad. Solo aquellos cuya confianza incondicional rinde honor y adoración al Creador, pueden "entender sin entender" lo inexplicable del ministerio de Dios encarnado y revelado en Jesús el Cristo... Ayúdame Señor a creer así, y haz que tu gloria resplandezca siempre en mí, en tu pueblo, tu mundo y creación.

Mencioné anteriormente de forma breve la historia ilusoria de Abraham y su aventura hacia una tierra prometida cuya fertilidad le garantizaría una existencia de abundancia. Pero el propósito inédito en este hombre tendrá su culminación en el desenlace trágico de la vida, muerte y resurrección de Jesús el Hijo del Hombre, quien cargó sobre él la maldición del pecado de la humanidad, colgado y desangrado en una Cruz, entre cruces de gente maldita. Sin este acto de sacrificio y muerte avergonzante de Jesús, el hijo de María, la historia de Abram hubiera quedado perdida en el polvo del desierto de la historia de su pueblo, sepultura de una religión muerta. (*Ver referencia Escritural en Gen. 12:15-22:15*).

El testimonio Escritural de esta historia milenaria y legendaria de este personaje y su aventura hacia lo descono-cido nos parece una locura falta de sentido lógico de alguien que ha perdido la cordura y el buen juicio. Si pasara hoy, quién podrá entender acción tan ilógica. Pero no, Abram y su aventura aparentemente destinada a través de los desiertos y montañas, envejeciendo en la jornada, pero con la fuerza de una fe o certeza en su visión, que brotó de la voz de Dios, que le impulsó fuera de la comodidad de su vida y entorno, le llenaba el alma de vitalidad y esperanza. De este insondable fondo de la fe en Dios, timón de su existencia, generaba la vitalidad para vencer los imposibles, los temores y la incertidumbre, bloqueando las voces negativas generadoras de dudas y desconfianza. Le creyó a Dios sin vacilaciones e inconsistencias. Levantó su mirada visionaria hacia el horizonte y, a paso firme, certero e invacilante, marchó.

Dios dio la visión a Abram de una tierra fértil y productiva, donde su descendencia se multiplicaría como las estrellas del cielo o la arena de los mares. Por su confianza en el Dios que lo llamó y la estabilidad sólida y agresiva de su fe, libre de dudas y ambiciones banales, le fue dado el honor y privilegio de que hasta hoy y siempre se honre y reconozca como el padre de la fe de un pueblo en el Dios Creador y Señor Soberano de la vida. Su fe y la obediencia incondicional sólo a Dios, en un contexto politeísta, da sentido, propósito y continuidad fundamental al pensamiento monoteísta del judaísmo y el cristianismo, quienes coyunturalmente consolidan el proyecto de Dios con la raza humana por medio del centro vertebral y equilibrio de la fe misma: Jesús el Cristo, imagen del Dios invisible, razón y medio de la creación. Hoy son muchos los judíos que honran y reconocen la centralidad de la persona de Jesús en el proyecto mesiánico y redentor de Dios con la humanidad. Este es un drama intenso y dinámico, lleno de intrigas, actos sobrenaturales motivadores de nuestra imaginación, sin perder la objetividad histórica, lógica y cultural; como religioso de una época sumamente remota de la fe de un pueblo y su interdependencia con el Dios que les llamó y comisionó y acompañó. Sí, la historia dramática de un hombre profundamente espiritual y sensible a lo sobrenatural y particularmente a la voz de Dios le da contenido y sustancia lógica a nuestra fe.

La confianza de Abram, insumo de la certeza de su fe incondicional en Dios, fue puesta a prueba de forma cruel y violenta. Fue una tortura que exprimió sus más hondos sentimientos del padre que ama a su hijo único. Su fe fue probada hasta el extremo violento y brutal de estar resuelto a ofrecer en holocausto a su hijo único, Isaac. La historia está preñada de dramatismo, de ansiedad, misterio, insensibilidad humana y crueldad... ¿Cómo fue posible justificar tan vil acción de un padre contra la vida de su propio hijo? ¿Qué nos ayuda a creer que Dios solicitara de Abram cometer tan detestable acto contra su amado hijo? Si esto sucediera hoy dentro de cualquier sector del fanatismo caudillista de muchos religiosos que esclavizan y controlan la voluntad y libertad de grandes masas, cómo hubiera reaccionado la ley y la conciencia social. Tal persona o grupo practicante de tan horrenda ceremonia estaría juzgado por la ley y censurados por los que viven y responden a la doctrina y pensamiento de Jesús. Pero Dios es perfecto y profundamente preciso en la ejecución de sus propósitos para con la humanidad. En particular con su pueblo, escogido para llevar a efecto su propósito y proyecto de redención del hombre, para bendición a toda la humanidad sin exclusivismo racial, cultural y religioso.

Podríamos divagar en la historia del Registro Sagrado sobre la fe y la confianza radical de Abraham en Dios. Podríamos agotar hasta el último aliento de vida, flotando en el limbo de las preguntas y las dudas ante los enigmas de lo imperceptible e improbable de las Escrituras, buscando respuestas objetivas y lógicas del llamado, vida y eventos en la historia de este hombre peculiar, llamado Abraham. Con su fe y confianza en Dios, marcó el punto de partida que trazó el camino hacia la consumación del plan y proyecto restaurador de Dios con el hombre desvalorado por su pecado: El *dead-end* del camino hacia la consumación del propósito emancipador de Dios para con toda la raza humana: La muerte sacrificial de su Unigénito Hijo, para remisión de los pecados.

Jesús, Cordero De Dios Inmolado, pagando "los platos rotos" como sustituto de un mundo pecador, marcó el punto de partida hacia un futuro esperanzador y restaurador. El drama de su muerte dio salida hacia la redención, justificación y reconciliación del hombre con su creador. Las brisas suaves de la confianza en Dios es aliento eterno al alma quebrantada, y es aliciente de vida profunda abrazada al misterio de su razón de ser. De Jesús y su acto vicario brota la certeza, la seguridad y la libertad del ser; es don de la gracia impartida a todos los que creen en su acto redentor. Por esto es Señor soberano de nuestra existencia, quien da entrada franca al reino nuevo revelado por el Hijo del Hombre. Por lo tanto, Jesús es el comienzo y conclusión de un capítulo nuevo y eterno del Dios creador. Por medio de Él se restaura el diálogo del hombre con su creador. Solo en Él está la síntesis para sublimar nuestra existencia mortal; puerta de entrada a la presencia, comunión e intimidad con la fuente eterna que sacia las demandas más profundas del espíritu... ¡Dios absoluto y soberano!

**Te invito a renovar nuestra confianza en Dios y en su acto cumbre de demostración de su Amor Redentor y Salvador de la humanidad.**

La Carta a los hebreos, dirigida a una comunidad de judíos cristianos acosados socialmente por la impopularidad y la oposición que los empujaba al abismo de la tentación de abandonar la fe en Cristo y regresar a sus antiguas creencias y prácticas, insta a los creyentes a mantener su confianza en la superioridad de Jesucristo como la conclusión de la revelación definitiva de Dios. (*Ver introducción breve a la Carta a los hebreos, en la versión bíblica Dios Habla Hoy*). Es por esto que el redactor del contenido de esta carta a creyentes acosados por la oposición contra la fe en Cristo invita a los redimidos a mantenerse firmes en la fe y comunión con el autor de nuestra salvación: *"Acerquémonos, pues, con confianza al trono de nuestro Dios amoroso, para que él tenga misericordia de nosotros y en su bondad nos ayude en la hora de necesidad"* (Hebreos 4:16, DHH).

Mantengamos una fe firme y una confianza absoluta en los méritos de justicia, amor y perdón, sellados en pacto eterno por la muerte de Jesús y el derramamiento de su sangre, para expiación de nuestro pecados y reconciliación con el Padre. Así lo afirma el autor de esta carta sumamente alentadora e impartidora de esperanza y confianza. *"Por eso, Jesucristo es mediador de una nueva alianza y un nuevo testamento, pues con su muerte libra a los hombres de los pecados cometidos bajo la primera alianza, y hace posible que los que Dios ha llamado reciban la herencia eterna que él les ha prometido"* (Hebreos 9:15, DHH).

. Esto es un "borrón y cuenta nueva", viviendo en la novedad y restauración moral y espiritual, celebrando con fe, esperanza y confianza nuestra salvación en intimidad productiva con Dios. Por eso nosotros, teniendo a nuestro alrededor tantas personas que han demostrado su fe, dejemos a un lado todo lo que nos estorba y el pecado que nos enreda, y corramos con fortaleza la carrera que tenemos por delante. Señor, ayúdame a confiar en ti.

Te invito a renovar nuestra confianza en Dios y en su acto cumbre de demostración de su Amor Redentor y Salvador de la humanidad. En este mundo postmoderno, extremadamente escéptico, secular, pluralista, profanante e insensible, dominado por una conciencia social y sus nuevos estilos de vida y de deificación del hombre por el hombre, es vital regresar al "camino antiguo" desde la Cruz de Jesús el Cristo, para reafirmar nuestra existencia sobre la base y la confianza de nuestra fe en el Dios revelado en su Unigénito Hijo Jesús, dándole al Primado, el honor, la adoración objetiva e inteligente, sobre la base de la verdad del Verbo Creador, autor de la creación y principio eterno de la vida.

Amado Nervo, poeta mexicano del siglo XVIIII, en su poema "Tú" plasma su fe, que nos desafía a creer en Dios.

## Tú

*Señor, Señor, Tú antes, Tú después,*
*Tú en la inmensa hondura del vacío y en la hondura interior.*
*Tú en el aura que canta y en la noche que piensa;*
*Tú en la flor de los cardos y en los cardos sin flor.*

*Tú en el cenit a un tiempo y en el nadir;*
*Tú en todas las transfiguraciones y en todo el padecer;*
*Tú en la capilla fúnebre, Tú en la noche de bodas;*
*¡Tú en el beso primero, Tú en el beso postrero!*

*Tú en los ojos azules y en los ojos oscuros;*
*Tú en la frivolidad quinceañera y también*
*en las grandes ternezas de los años maduros;*
*Tú en la más negra cima, Tú en el más alto edén.*

*Si la ciencia engreída no te ve, yo te veo;*
*Si sus labios te niegan, yo te proclamaré;*
*Por cada hombre que duda, mi alma grita: "Yo creo",*
*¡y con cada fe muerta, se agiganta mi fe!*

¡Señor, ayuda mi credulidad, fortalece mi fe, y vísteme de amor y esperanza!
¡Ayúdame a creer en Ti!

# CAPÍTULO 4

# Confiaré

*"Entonces me llenaré de alegría a causa del Señor mi salvador. Le alabaré aunque no florezcan las higueras ni den fruto los viñeros y los olivares; aunque los campos no den cosecha; aunque se acaben los rebaños de ovejas y no haya reses en los establos* (Habacuc 3:17, 18, DHH).

En horas grises, plagadas de incertidumbre, desconfianza, pobre estima, ausencia del respeto entre la gente, de convivencia enfermiza, de falsa espiritualidad, de guerras sociales y corrupción política, injusticias económicas y pérdida de conciencia sobre el valor insustituible del don sagrado de la vida y el reconocimiento de ésta como dádiva que emana del misterio absoluto y soberano de Dios, la salida y el refugio más sabio es volver a retomar con determinación la confianza total e incondicional en el absolutamente misericordioso Dios. Refugio y escondedero invencible para nuestra humanidad frágil, vulnerable, susceptible y expuesta a los infortunios insospechados de nuestra jornada cruda y amenazada por los reveses de nuestra efímera existencia. Así entiende y describe la leyenda bíblica del personaje milenario llamado Job: *"Pocos son los días, y muchos los problemas, que vive el hombre nacido de mujer. Es como las flores, que brotan y se marchitan; es como efímera sombra que se esfuma"* (Job 14:1,2).

Así lo intentó Jesús, que después sus discípulos lo entendieron y lo enseñaron, llamados a la vocación de llevar la buena noticia del Evangelio del Reino Nuevo de Dios. Jesús confronta la religión desatinada y claudicante de su época con esta analogía desafiante: *"Si alguno de ustedes tiene una oveja y en sábado se le cae en un hoyo, ¿no la agarra y la saca? ¡Cuánto más vale un hombre que una oveja! Por lo tanto, está permitido hacer el bien en sábado"* (Mateo 12:11,12). Estas palabras calaron hondo en la conciencia podrida del puritanismo religioso de los fariseos, que asecharon contra la vida del gran Maestro ambulante, cuya docencia apuntó hacia la reivindicación, defensa y liberación de la vida, trascendiendo las distancias étnicas, culturales, religiosas y políticas con su visión inclusiva de un nuevo reino centralizado y fundamentado en la suprema y soberana grandeza de Dios encarnada en Jesús. Esta manifestación soteriológica de Dios en Jesús su Hijo Unigénito e inmolado como muestra de su amor eterno e incondicional, se imprime en el corazón de todos los que creen, valoran y aceptan su mensaje transformador. Entonces, un sentido nuevo de confianza y certeza de la presencia liberadora de Dios les transforma en Caminantes de Pasos Certeros.

# Confiaré y no claudicaré

Decidí considerar el final inspirador, elocuente y determinante del Capítulo 3 del libro breve de Habacuc, a quien se le reconoce como el profeta enigmático y de quien no tenemos otras referencia histórica y escritural en adición a lo que el libro mismo presenta: Un hombre elevando al Creador dos desesperados lamentos por la condición precaria de un pueblo claudicador; pero también dos respuestas del Dios que oye el clamor y las desdichas del pueblo cosechando agravios como consecuencia de su pobreza moral y espiritual, consecuencia de sus acciones de infidelidad contra el Dios cuya paciencia y esencia de su naturaleza misma lo mueve a impartir misericordia y compasión inmerecida a su pueblo escogido para un proyecto de vida que trasciende la imaginación de la razón y la lógica. Es por esto que el Capítulo 3 del libro adjudicado a este personaje llamado simplemente Habacuc, desconectado del linaje genealógico como otros profetas de los hebreos, culmina con una síntesis de su fe agresiva y determinante ante la realidad que le perturba y consterna: *"Lo escuché y temblaron mis entrañas, al oírlo se estremecieron mis labios, me entró un escalofrío por los huesos y me temblaban las piernas al andar. Gimo por el día de angustia que se viene sobre el pueblo que nos oprime"* (Habacuc 3:16, Biblia del Peregrino).

El texto anteriormente citado pone de manifiesto la humanidad frágil de un hombre, su razón consternada y su impotencia ante el peligro de asechanza contra un pueblo infiel y humillado por sus propias claudicaciones de infidelidad e idolatría, adulterando su fe, infectando su identidad y deshonrando la santidad del Dios que les dio dignidad, identidad y vocación. Ante el cuadro tétrico y amenazante contra el pueblo de Dios, el tono determinante de la conclusión del salmo profético del enigmático personaje afirma la fe invencible de un hombre profeta, decidido a defender su fe, su identidad, su carácter y su dignidad. Atributos que en este presente son un reto a la pobre representación de un cristianismo emplazado por el sincretismo secular de las religiones y el pensamiento pluralista del mundo postmoderno, que dicta el pensamiento y conducta de la sociedad ultra liberal. Es por lo que la postura resistente del profeta Habacuc está distante y diferente al invertebrado cristianismo de las religiones modernas. Si como este profeta pudiera el cristianismo de este siglo XXI afirmar su confianza, defensa, pureza y solidez de su fe, así como la determinación a sostener y mantener los principios y valores que siempre han definido la fe, carácter e identidad del Pueblo Escogido de Dios para leudar al mundo con el Mensaje Nuevo de Dios revelado en Jesucristo, el cristianismo no sería materia prima del materialismo imperialista.

El mensaje de Habacuc es pertinente para responder con confianza afirmativa y resistente ante la violencia desafiante de nuestra era postmoderna y excéntrica. ¡Que el eco de su cántico cultual resuene en nuestras conciencias y con el mismo sentir del espíritu de su determinación, los creyentes en Dios proclamen y afirmen su confianza!

Confiaremos, *"aunque la higuera no echa brotes y las cepas no dan fruto, aunque el olivo se niega a su tarea y los campos no dan cosechas, aunque se acaban las ovejas del corral y no quedan vacas en el establo; yo festejaré al Señor gozando con mi Dios Salvador;*

*el Señor es mi fuerza, me da piernas de gacela, me encamina por las alturas"* (Habacuc 3:17-19, La Biblia de Nuestro Pueblo).

## Confiaré, a pesar de...

El texto de Habacuc 3:16-19 denota un dinamismo determinante y desafiante para estremecer el estado cómodo y adormecedor del cristianismo acostumbrado a la zona cómoda e irrelevante de la humanidad moderna; desconectada esta del eje central de la fe evangélica: ¡Jesucristo! Por lo tanto, Habacuc nos ofrece la estampa de un hombre resuelto a caminar con su rostro y mirada anclada en la esperanza de su fe incondicional en Dios. Su realidad es cruda, desalentadora e intimidante, bajo la bruma oscura y amenazante de fuerzas enemigas. Aun así, el profeta está resuelto a defender su fe y fidelidad al Dios de los grandes portentos en la historia de su pueblo. Su confianza y su fe en Dios no dependen de las dádivas de la naturaleza, ni de la seguridad política, económica y social, ni de los sistemas humanos.

Aun ante la ausencia del bien de la tierra, los frutos de las vacas, si sus ubres les negaren su leche, aun así, confiará en el Dios que hace salir el sol, brillar la luna y dar la lluvia en su tiempo. Su confianza en Dios es su pan. Oír la voz determinante de Habacuc es como sentir el susurro del eco del Salmo 27:1-3: *El Señor es mi luz y mi salvación: ¿A quién temeré? El Señor es el baluarte de mi vida: ¿de quién me asustaré? Si me acosan los malvados para devorar mi carne, ellos mis enemigos y adversarios tropiezan y caen. Si un ejército acampa contra mí, mi corazón no teme; aunque me asalten las tropas, continuaré confiando* (La Biblia de Nuestro Pueblo).

Las crisis sociales, fenómenos naturales, hambre, guerras, injusticias, pobreza, desventajas sociales, pérdida de valores y principios fundamentales para la estabilidad de los pueblos; el crimen, engaños religiosos y políticos, inseguridad y deshonra de la vida, etc. Todo lo anterior y mucho más es causa de una salud mental, emocional y espiritual altamente enfermiza. Todo esto detiene la esperanza de muchos, quedando atascados en el pantano de la derrota e impotencia. Pero Habacuc nos reta con su confianza incondicional en Dios. La postura del profeta Habacuc es un desafío a la fe cansada y condicionada de muchos, quienes profesan su fe en Dios y la grandeza de sus portentos conforme al estado favorable o desfavorable de su vida social, familiar y económica. Si las cosas están bien y caminan conforme a las abundancias de bienes como garantía y seguridad material, entonces Dios es alabado. No así el profeta. Es como si Habacuc estuviera afirmando su fe hoy: Confiaré, a pesar de…

Por lo tanto, no es desde una plataforma cómoda, filosófica y académica de donde el autor, pastor caminante sobre el valle arropado de espinas y abrojos, cuyas espinas hieren la susceptibilidad de su frágil humanidad, de donde brotan las notas musicales y la letra del mensaje de su cántico: "Confiaré". El pastor Andrés González lleva en el alma el tesoro de sus memorias, marcas endebles de las duras experiencias cotidianas. Del fondo de sus vivencias con el Dios caminante y compañero en toda su vida brota el cántico que hoy nos regala para fortalecer la fe cansada de muchos y dar fuerzas a las alas de la esperanza de los que sufren y buscan una salida en el laberinto de sus tribulaciones. "Confiaré" nos reta a levantar la mirada de cara a la esperanza en el Dios, que como a Habacuc, también responderá a tu queja y a la mía. Cántalo con el alma y sublima tus miedos de los fracasos del ayer. Hoy, mañana y siempre:

### ¡Confiaré!

*Cuando llega el tiempo de pruebas,*
*En momentos que menos se espera;*
*Y sacude la fe y la esperanza, tal*
*Parece que el mundo se acaba.*

*Cuando llegan momentos inciertos,*
*Cual tormenta con rugidos vientos;*
*Puedo aún confiar en Ti, oh Dios,*
*Mi refugio y mi salvación.*

*Coro*

*Confiaré, en Ti, ¡Oh Dios!*
*Que estás siempre en control*
*Y que has de demostrar tu favor, confiaré,*
*Confiaré, que mi vida está escondida en Ti,*
*Y en Tu amparo yo puedo vivir,*
*Confiaré, En Ti, ¡oh Dios!*

El sentir del mensaje vívido de este cántico del pastor Andrés extrae de mis recuerdos el cántico sencillo que aún suelen cantar algunas comunidades cristianas, que del álbum de mis recuerdos y soledades suelo cantar:

> *Estoy confiado, Señor en Ti,*
> *Tú eres fiel Señor, tan fiel a mí*
> *Nunca me has dejado, aunque débil soy*
> *Estoy confiando Señor en Ti*
> *Puedo descansar, puedo descansar,*
> *En la mansión que Cristo me dará*
> *Si el sol llegara oscurecer y no brille más*
> *Yo igual confío en el Señor que no va fallar*

Como dice un himno olvidado y ya de muchos altares decomisado, el cual solía oír en mis primeras incursiones en la Iglesia Evangélica: "¡Tu fidelidad es grande; grande es tu fidelidad!" Si tuviéramos esa certeza, viviríamos el presente con una visión siempre fresca de un futuro promisorio. ¡Qué sublime y agradable al oído fue oír a una iglesia humilde, de gente sencilla, entornarlo y vivirlo! Hoy entiendo que solo se vive la fidelidad a Dios en el valle de las sombras, que como gigantes crueles intimidan y desafían nuestra fe y atentan contra nuestra fidelidad al Señor, y detienen el disfrute pleno del presente bajo la sombra del Dios omnipotente.

Es desde el terreno árido y tosco de nuestras luchas agrias, amargas e inhumanas, que aquilatamos nuestra confianza y fidelidad al Dios Señor de la Vida. "Confiaré" es la resolución y respuesta de la razón ante la fe que le reta y motiva a la acción contra lo irreversible e invisible de nuestro corto camino existencial. Así, el apóstol Pablo le daba sentido y significado a su existencia más allá de sus límites de mortalidad. Sus palabras resaltan su esperanza y confianza en el señorío absoluto de Dios: *"Por eso no nos desanimamos. Pues aunque por fuera vamos deteriorando, por dentro nos renovamos día a día. Lo que sufrimos en esta vida es cosa ligera, que pronto pasa; pero nos trae como resultado una gloria eterna mucho más grande y abundante. Porque no nos fijamos en lo que se ve, sino en lo que no se ve, ya que las cosas que se ven son pasajeras, pero las que no se ven son eternas"* (2 Corintios 4:16-18, DHH).

Es desde el ámbito subjetivo del Espíritu creador que sublimamos nuestros límites mortales y afirmamos nuestro rostro ante lo que vemos por la fe obstinada, aferrada en lo absoluto de Dios y su grandeza, cruzando los límites de la razón. Por lo tanto, "Confiaré" devela una postura afirmativa, inflexible, incondicional y agresiva del que cree y espera la acción ilimitada y sorpresiva de Dios en su Creación y las realidades de su humanidad creada como expresión tangible de su divinidad soberana y absoluta.

"Confiaré" desplaza las incertidumbres y lagunas de la razón impotente ante la fe del creyente que conjuga su esperanza con el enigma de lo invisible de Dios. No es un estado de enajenación, sino la certeza de la presencia del Dios que libera y conduce al ser a la síntesis liberadora de los que han creído en Jesucristo. Desde este punto medular, la persona reorganiza su escala de valores, vence las trivialidades y regresa al orden dispuesto por Dios con una confianza incondicional. No hay dudas ni vacilaciones, no hay puntos medio de incertidumbre, no negociamos con Dios; solo disponemos el corazón vestido de determinación, camino a la meta que nos reclama caminar sin claudicaciones. Asumimos todos los riesgos y los costos para llegar a las cumbres de nuestras más profundas aspiraciones, movidos por el amor, la obediencia y la gratitud al

Dios que no vaciló en dar en muerte a su Unigénito Hijo, en la más denigrantes de las muertes, la Cruz.

¿Cómo confiar en Dios desde el valle de la muerte y los infortunios? No hay otra brecha, sino confiar y caminar... si es que anhelas llegar y no claudicar en el valle de la comodidad religiosa de los que no han entendido el reto de Jesús directo a la conciencia del hombre de todos los tiempos *"Si alguno quiere ser discípulo mío, olvídese de sí mismo, cargue con su cruz y sígame. Porque el que quiera salvar su vida, la perderá; pero al que pierda la vida por causa mía y por aceptar el evangelio, la salvará"* (Marcos 8:34b,35, DHH).

Cuando determinamos emprender una aventura, un proyecto de vida, una misión digna, una decisión, un contrato, un pacto, caminamos contra los miedos que intentan detener nuestra visión. Como Jesús ante la eminente cruz, afirmamos nuestro rostro íntegro e inmutable contra los "molinos de viento", que intimidan nuestra fragilidad humana. Es desde esta óptica de la fe que entendemos que Dios está en el proceso violento de la existencia, y no desfallecemos. Jesús nos enseña cómo vivir con el reloj del tiempo, que merma nuestro tiempo en el justo tiempo sin tiempo de la perfecta voluntad del Padre. Como el salmista, ante las consternaciones de sus luchas cotidianas, afirmamos el rostro al decir.

*"Dios es nuestro refugio y nuestra fuerza; nuestra ayuda en momentos de angustia. Por eso no tendremos miedo, aunque se deshaga la tierra, aunque se hundan los montes en el fondo del mar, aunque ruja el mar y se agiten sus olas, aunque tiemblen los montes a causa de su furia* (Salmos 46:1-3, DHH).

La certeza profética de Isaías nos desparaliza del miedo conveniente en su postura similar al salmista: *"Aunque las montañas cambien de lugar y los cerros se vengan abajo, mi amor por ti no cambiará ni se vendrá abajo mi alianza de paz. Lo dice el Señor, que se compadece de ti"* (Isaías 54:10, DHH).

Confiaré, a pesar de los miedos y los inciertos paralizantes. Todos sentimos miedo e inseguridad. Yo lo he sentido en ocasiones, pero miedo inteligente. Miedo que emerge de mis intuiciones de preservación de mi propia fragilidad humana. Es una respuesta muy normal y humana de nuestra psique. Pero no paraliza la buena lógica y el sentido común que con pragmatismo y sobriedad lógica confronta las sombras de los temores que neutralizan la capacidad de accionar propiamente ante la emoción paralizante del miedo. Mucho menos detiene la fe del creyente que descansa en la certeza de la confianza absoluta en Dios.

Los primeros mártires seguidores de Jesús resistieron los temores, los miedos y el martirio inhumano de los Cesares de la antigua Roma, que deleitaron su perversidad y crueldad humana exponiendo a la muerte a creyentes que no claudicaron de su fe y fidelidad incondicional a su Señor y Salvador Jesucristo. Ellos prefirieron la hoguera calcinante y la fiereza salvaje de los leones, entregando sus vidas al martirio inhumano de la perversidad inmoral y bestial de emperadores romanos. Estos confiaron entregando la última gota de sangre en honor y testimonio al Cristo que entregó su vida en muerte de cruz para redención y reconciliación de Dios con la humanidad indiferente a su amor sanador.

Cuando hago un contraste entre la grande nube de mártires que, a través del hilo histórico, dieron testimonio de su fe inflexible en honor, fidelidad y confianza al Señor de la vida, sin claudicar ante la muerte, y lo comparó con el cristianismo materialista, empresarial, imperialista e inconsecuente de las instituciones que le representan, no creo que muchos, o muchísimos, puedan decir: "Confiaré a pesar de todo en mi Señor y su soberanía". No creo, pensando en un soneto anónimo del siglo 17 al Cristo crucificado, que muy pocos en los centros de manipulación y enajenación anulantes de la razón, donde se alimenta la fe escapista, movida por la prosperidad material, puedan hacer suyo el sentir estoico de este soneto al crucificado, donde se expone la confianza inflexible en Dios, libre de utilitarismo y ambiciones de la bajeza humana. Me pregunto si más allá de recitarlo, pudiera ser una proyección de nuestra fe y confianza en Jesús, el Cristo:

*No me mueve, mi Dios para quererte*
*El cielo que me tiene prometido,*
*Ni me mueve el infierno tan temido*
*Para dejar por eso de ofenderte.*

*Tú me mueves, Señor, muéveme al verte*
*Clavado en una cruz y escarnecido,*
*Muéveme ver tu cuerpo tan herido,*
*Muéveme tus afrentas y Tu muerte.*
*Muéveme, en fin, tu amor, y en tal manera,*
*Que aunque no hubiera cielo, yo te amara,*
*Y aunque no hubiera infierno, te temiera.*

*No me tienes que dar porque te quiera,*
*Pues aunque lo que espero no esperara,*
*Lo mismo que te quiero te quisiera.*

Me parece atinado y objetivo el comentario de alguien no claramente indicado en las redes sociales: "Nunca el amor a Cristo crucificado había alcanzado tal grado de pureza e intensidad en la sensibilidad de la expresión poética. En fecha en que la superficialidad cifrada en el temor al destino dudoso del hombre en el más allá, la noción de la piedad popular, este poeta acierta a olvidar premios y castigos para suscitar un amor que, por verdadero, no necesita del acicate del correctivo interesado, sino que nace limpio y hondo de la dolorosa contemplación del martirio con que Cristo rescata al hombre. Esa es la única razón eficaz que puede mover apartarse de la ingratitud del ultraje a quien ama de manera tan extrema" (Rubén y anónimo, *franciscano.org*).

La pregunta vuelve a martillar mi alma ante tan incomparable amor. ¿Cómo no confiar sin esperar nada a cambio cuando ya todo Dios lo ha dado? Esto es, en un sentido más intenso, donde tocamos con la humanidad herida los tormentos de la agonía de la muerte de Jesús por todos los mortales. Por esto se muere viviendo quien vive muriendo confiando en el Cristo crucificado que dio muerte a la muerte con su muerte para dar vida eterna a los mortales. Así el alma del apóstol Pablo lo capta y le grita a su esperanza: *"La muerte ha sido devorada por la victoria. ¿Dónde está, oh muerte, tu victoria? ¿Dónde está, oh muerte tu aguijón? El aguijón de la muerte es el pecado, y la ley antigua es la que da al pecado su poder. ¡Gracias a Dios, que nos da la victoria por medio de nuestro Señor Jesucristo!* (1 Co 15:54-57, DHH).

Ante tal certeza, confiaré, no preguntaré, solo dejaré que sus notas musicales vistan de gala mi fe. En este punto alto de la existencia, cuando vivir es morir descubriendo el encanto dulce de vivir, aun ausente de todo lo que nos castra el alma y priva el espíritu de la vida, que canta y danza dentro del misterio que nos eleva el ser más allá de la cortina rasgada de la muerte. Solo así podemos celebrar la existencia en el Dios de la vida, llenando los vacíos del alma. Solo así podemos ser luz que irradia confianza desde los reveses que quebrantan nuestra humanidad, desgarran de quebrantos el alma y contristan el espíritu de los que divagan sin Dios. Confiaré, de tal forma que invite e inspire a otros a encontrar la ruta cierta del camino eterno marcado por los pasos indelebles del Resucitado.

La confianza desata la certeza indoblegable de los que con determinación caminan contra lo que les aterra. Nada los detiene, van camino hacia el blanco o meta de la consumación total de su libertad y existencia. Caminan cantando, como bien lo legara el homólogo del himno ignorado:

> *Vivo por Cristo, confiando en su amor,*
> *vida me imparte, poder y valor;*
> *grande es el gozo que tengo por Él.*
> *Es de mi senda Jesús guía fiel*
> (Himnos de la Vida Cristiana,
> *Alianza Cristiana y Misionera*)

Confiaré, confiemos, y así otros confiarán. ¡Juntos celebraremos la vida en Dios!

# Glosario

- **Alienación religiosa.** Persona o grupo enajenado y privado de su libertad.
- **Catecúmeno.** Persona creyente o estudiante instruido y capacitado en la fe en Cristo. Originalmente, eran denominados "catecúmenos" a los oyentes provenientes del paganismo que deseaban conocer a Cristo y no habían sido bautizados y enseñados en la sana doctrina de Dios revelada en Jesús.
- **Cena Pascual - Última Cena.** Un banquete de despedida de Jesús, junto a sus 12 discípulos. Es una comida entre antiguos extraños que se han hecho amigos, formando un nuevo tipo de familia con Jesús como jefe de la casa. Jesús, presidiendo este recordatorio de la antigua liberación, los reinterpreta y renombra, designándose como corderos del sacrificio para la futura liberación definitiva. La Última Cena posee todo el sentido ceremonial de la Pascua como acontecimiento familiar y vinculante con la fe y la comunidad de creyentes seguidores de Cristo.
- **Coexistencia.** Existencia simultánea. Grupos raciales, culturales, políticos, religiosos, niveles sociales y profesionales que participan en una organización o instituciones de la sociedad.
- **Contemporizar.** Atemperar el pensamiento, la voluntad y la libertad del ser a las nuevas corrientes teológicas, filosofía de vida y doctrinas o dogmas eclesiales del secularismo social del
- mundo secular y pluralista.

- **Cristianismo pluralista.** La nueva conciencia social secular que dicta e impone el pensamiento sincrético del mundo postmoderno y humanista; el nuevo ateísmo social.
- **Cristianismo postmoderno.** Nuevas tendencias o estilos religiosos ultra liberales atemperados, enmarcados y determinados por los modelos neo-modernos del pensamiento secular sincrético del pluralismo religioso multicultural moderno.
- **Coyuntural.** Que establece una conexión funcional entre dos partes opuestas. Articulación movible y operacional entre dos partes.
- **Deshumanización.** Pérdida o ausencia de sensibilidad, sentimientos y racionalidad humana o el valor último de la vida y su santidad.
- **Dialéctico.** Razonamiento que, al igual que un diálogo, contiene oposiciones y diversidad de pensamientos, apuntando hacia una síntesis.
- **Dogma.** Punto fundamental de la doctrina en religión o filosofía para para imponer controles y disciplina a la conducta humana, conducente a la imposición de un principio común.
- **Enigma.** Persona o cosa difícil de definir, entender o comprender a fondo.
- **Escatológicas.** Relativo a la escatología; parte de la teología. Conjunto de doctrinas y creencias relacionadas con el destino último del hombre y el universo.
- **Esporádico.** Se refiere a lo que es circunstancial u ocasional.
- **Fe cristológica.** Fundamento, esencia, sustancia y certeza de la fe centrada en Jesús el Cristo, sin aditivos dogmáticos, creencias especulativas, doctrinas coercitivas de la libertad de conciencia y la privacidad de las personas.

- **Hegemonía**. Superioridad, control y autoridad preponderante o dominio de de una cosa, persona, estado o clase social sobre otra. Superioridad y dominio por alguien o algo.

- **Hijo de hombre**. Término elegido por Jesús con el cual revela y expresa simultáneamente su humanidad frágil y la naturaleza y carácter trascendente inherente a su persona y mensaje.

- **Identidad monoteísta**. Referente a las religiones cuya doctrina afirma y postula su fe o creencia en un solo Dios. Entre ellas se destacan el judaísmo, el cristianismo y el islamismo.

- **Indeterminable**. Sin un final; que no se puede determinar con precisión.

- **Insurrecto**. Persona que se subleva y opone contra un sistema, gobierno o autoridad. Insurgente.

- **Insondable**. Que no se puede saber a fondo o agotar su inmensidad; los misterios de Dios son insondables.

- **Liberalismo extremista**. Es asumir posturas totalmente falta de mesura e incapaz de sostener el diálogo ponderado y balanceado. Es conducente a la síntesis justa como mediación entre las partes, donde no está en juego el derecho y la libertad de la persona en el sano uso del sentido común y el respeto entre las partes.

- **Metafísica**. Tiene que ver con lo abstracto y difícil de comprender. Se ocupa en particular en el estudio profundo del plano infinito de la cosmología o sicología; trata de la naturaleza del ser en sí mismo.

- **Mística**. Nos conduce al ámbito infinito de lo abstracto, lo subjetivo, lo soteriológico y metafísico; es llegar al punto fronterizo del ámbito espiritual del ser para inquirir filosóficamente:

¿qué soy más allá de lo que no puedo ver, tocar y concluir con objetividad racional?

- **Neófito** (gr. neophytos). En la Iglesia Primitiva persona recientemente bautizada e incorporada a la comunidad de creyentes, pasando por el proceso de enseñanza de la fe en Cristo.

- **Neo caudillos**. Se refiere a los nuevos jefes religiosos seguidos y deificados por sus seguidores, quienes han entregado su libertad y conciencia a las ideas y caprichos perversos de estos, esclavizando grandes masas a un culto, a su filosofía religiosa irracional, creando un tipo de gobierno papal.

- **Neurálgico**. Situación de suma importancia. Centro neurálgico o punto central en nuestra estructura mental y sentimientos.

- **Nueva levadura**. Jesús es la nueva levadura divina, para humanizar y trasformar a los seres humanos conforme a sus altos principios y valores. Jesús es el punto de partida o fundamento del Reino de Dios indivisible.

- **Odres nuevos**. Concepto imperativo aplicado por Jesús para señalar la naturaleza nueva espiritual de los que formarían la expresión visible del reino nuevo revelado en Él.

- **Ontológica**. Concepto filosófico que estudia el "ente" como tal, el "ser", su origen y su naturaleza espiritual inherente a la existencia de Dios como ser supremo y origen de todo lo creado (visible e invisible). La Vida como misterio absoluto indescifrable.

- **Penitente**. Auto imposición de un castigo o sufrimiento para superar la culpa por las faltas cometidas contra sí mismo o a otros. Confesión u autocastigo para liberarse de la culpa.

- **Paradigma.** Ejemplo o modelo que sirve de referencia normativa.
- **Patológicas.** Relativo a patología, ciencia que estudia los síntomas y evolución de las enfermedades.
- **Patentizado.** Hacer patente o manifiesta una cosa. Derecho conferido legalmente a una persona, institución o asociación por una autoridad superior. Lo patentizado tiene sentido de permanencia, continuidad y propiedad.
- **Patético /a.** Dícese del gesto, actitud, etc., que expresa padecimiento moral, angustia, pasión o un sentimiento interno o que emociona o conmueve, hiere y lástima los sentimientos más hondos que embargan el ser de fuertes emociones que azotan el alma.
- **Retórica.** Conjunto de procedimientos y técnicas que permiten expresarse correctamente con elocuencia. Abundancia de palabras o palabrería sin contenido o sin utilidad.
- **Sacralidad de los símbolos.** Se destaca o acentúa el valor inherente de los símbolos que marcan el curso del cristianismo en el correr del tiempo, como medios pedagógicos del significado y mensaje de la obra redentora de Dios; pensamiento e implicaciones existencial y escatológico del misterio de la encarnación del Verbo Creador en la Persona de Jesús.
- **Sacrilegio.** Profanación de las cosas, lugares o personas sagradas.
- **Sectarismo.** Proliferación de diversos grupos religiosos con creencias, prácticas, doctrinas, filosofía de vida y posturas exclusivas. Tales practicas heréticas y neo-teológicas son propias de su trastorno religiosa. El exclusivismo es una característica común en los grupos o sectas.

- **Sincrético**. Fusión de diversos sistemas religiosos o prácticas religiosas pertenecientes a diversas culturas.
- **Simbología**. Estudio de los signos figurativos para extraer el significado inédito de estos y su aplicación y propósito intocable.
- **Sempiterno**. Que dura para siempre, que no tendrá fin, pero tampoco principio determinado por la razón. Es un adjetivo calificativo.
- **Sicario**. Asesino asalariado.
- **Soberbia**. Estima excesiva de sí mismo en menosprecio de los demás. Suntuosidad, majestuoso en su actitud o en su porte.
- **Soteriológica**. Término derivado de la voz griega soter, que quiere decir salvación. Rama de la teología general que trata de la obra principal de Cristo: la redención obrada por su sacrificio.
- **Sublimar**. Se refiere al proceso, disposición y acción de la voluntad y autoconciencia de aceptar problemas no resueltos que detienen y frustran el desarrollo y estabilidad de la persona, alterando sentimientos y emociones. En esta acción voluntaria la persona da paso al desarrollo, creatividad y estabilidad de su personalidad a través del arte, la religión, la política o la selección y meta de una profesión o ideal reprimido.
- **Subterfugio**. Evasiva, escapatoria, pretexto. Persona vestida de apariencia y falta de transparencia.
- **Sustancia cristológica.** Todo lo que tiene que ver con la persona de Jesús el Cristo desde el punto de vista de los enfoques y testimonio de los evangelios sinópticos (Mateo, Marcos y Lucas), la teología paulina, la literatura juanina y

canónica del NT y las referencias mesiánicas de contenido profético sobre la visión del nacimiento, sufrimiento y obra de salvación anunciada en el AT, particularmente en los canticos del Siervo Sufriente.

- **Tendencias antagónicas.** Conducta y postura negativa de la persona, en radical oposición contra otra persona, idea, sistema, ideología o pensamiento. Normalmente el prejuicio, la predisposición, falta de mesura, ponderación y análisis lógico dominan la conducta ciega de la persona.
- **Tétrico.** Estado deprimente, tristeza o ambiente lúgubre.
- **Totalitarista** (totalitarismo). Incluye o abarca la totalidad de las partes o atributos de algo. Por ejemplo, regímenes políticos no democráticos; los poderes ejecutivos, legislativos y judiciales concentrados en un reducido número de dirigentes que subordinan los derechos de las personas a la razón del estado.
- **Utopía.** Concepción imaginaria más allá de la línea fronteriza de la razón; la imaginación distante de la objetividad. Relativo a lo irrealizable sin tomar en cuenta la lógica y la objetividad.
- **Unigénito.** Hijo único. Se dice por antonomasia, es decir la sustitución de un nombre común por un nombre propio o como una paráfrasis que anuncia su cualidad esencial.
- **Vieja levadura.** Concepto usado por Jesús para referirse a la estructura y práctica de la religión de los fariseos, sus leyes, doctrinas, ceremonias, costumbres y creencias lejos del propósito fundamental revelado y encarnado en Jesús.

Pastor Adorador

ANDRES GONZALEZ Velasquez

En Memoria De Ti Jesus

En Memoria De Ti Jesus

1. Mi Rey es un Dios Todopoderoso
2. Esta Lloviendo
3. Ayúdame a confiar en Ti
4. Salmos 5
5. En memoria de Ti
6. Gracias Cordero de Dios
7. Salmos 8
8. Confiaré
9. Salmos 108
10. Santo, Santo, Santo
11. Regocijate y canta